유튜브 활용
실용영어 체득의 정석

유튜브의 영어 콘텐츠와 학습지원 기능
활용 3단계 의사소통 훈련 노하우

유튜브 활용 실용영어 체득의 정석
유튜브의 영어 콘텐츠와 학습지원 기능 활용 3단계 의사소통 훈련 노하우

초판 1쇄 발행 2022년 3월 10일

지은이 김신호
펴낸이 장길수
펴낸곳 지식과감성˚
출판등록 제2012-000081호

교정 오현석
디자인 박예은
편집 박예은
검수 김우연, 이현
마케팅 고은빛, 정연우

주소 서울시 금천구 벚꽃로298 대륭포스트타워6차 1212호
전화 070-4651-3730~4
팩스 070-4325-7006
이메일 ksbookup@naver.com
홈페이지 www.knsbookup.com

ISBN 979-11-392-0370-7(13740)
값 15,000원

- 이 책의 판권은 지은이에게 있습니다.
- 이 책 내용의 전부 또는 일부를 재사용하려면 반드시 지은이의 서면 동의를 받아야 합니다.
- 잘못된 책은 구입하신 곳에서 바꾸어 드립니다.

지식과감성˚
홈페이지 바로가기

코로나19 팬데믹 비대면 일상화 시대 최적의 영어 듣고 말하고 쓰기 습득 방법

유튜브 활용 실용영어 체득의 정석

유튜브의 영어 콘텐츠와 학습지원 기능
활용 3단계 의사소통 훈련 노하우
영어와 애증의 동행 공무원 이야기

소통 카페 | New 공짜로 영어 귀뚫기
http://cafe.daum.net/freelistening

김신호 지음

저서 소개영상

지식과감정#

목차

| 유튜브 활용 3단계 실용영어 체득 시스템 | — 8
| 실용영어 체득은 이 책 한 권으로 | — 10
| 이 책이 필요한 분 | — 12
| 영어공부 이렇게 하면 안 돼요! | — 14

들어가며 — 16

1부 유튜브 활용 3단계 실용영어 체득 가이드

I. 실용영어 체득 이론 — 22
   1. 학습-습득 구분 가설 — 22
   2. 인풋(Input) 가설과 몰입 교육 — 23
   3. 거꾸로 학습 — 24
   4. 스키마 이론 — 26

II. 영어 체득 3단계와 단계별 유튜브 채널 — 29
   1. 단계별 유튜브 채널 체계 — 29
   2. 제1단계(내국인 강좌): 학습 과정 — 35
   3. 제2단계(원어민 강좌): 몰입 과정 — 41
   4. 제3단계(네이티브 영어채널): 인풋 및 습득 과정 — 44
   5. 기타: 우리 이야기 및 어린이 애니 — 58

III. 유튜브 영어 학습지원 기능 세팅 — 63
   1. 팔로우 정보 파일의 피드리더 업로드 — 63
   2. Language Reactor의 설치 및 설정 — 66
   3. 기타 유튜브 영어 학습지원 기능 — 69

Ⅳ. 실용영어 체득 프로세스 — 73
1. 학습지원 기능 활용 유튜브 공략 방법   73
2. 단계별 학습·습득 기간   79
3. 말하기와 글쓰기 단계   81

2부 실용영어 체득 여정

Ⅰ. 시행착오 — 88
1. 평균을 끌어내리는 주범   89
2. 유학과 불편한 진실   90
3. 무작정 듣기 시행착오   94
4. 4차산업혁명 기술 응용 실용영어 체득   96

Ⅱ. 듣기가 먼저다 — 99
1. 들리면 만사형통   100
2. 영어가 안 들리는 이유   102
3. 까막귀 코리안 까막눈 멕시칸   107
4. 발음현상 소리식별이 디딤돌   111

Ⅲ. 발음현상 소리식별 워밍업 리뷰 — 114
1. 발음기호   116
2. 연음, 단타 발음 및 변화무쌍한 t와 d   118
3. 기능어의 약형 발음 및 축약 발음   121
4. 동화, 애매 및 구모 발음   125

Ⅳ. 거꾸로 배우기(Flipped learning) — 128
1. 일단 뛰어내려라 — 128
2. 단어는 듣기와 함께 — 132
3. 모르면 물어봐 — 135
4. 문법도 사전 검색으로 — 138
5. 굿 모닝 얼리 버드 — 141

Ⅴ. 시스템 세팅 및 단계별 유튜브 채널 활용 — 144
1. 팔로우 정보 파일 Feedly 업로드 및 학습지원 기능 — 144
2. 단계별 유튜브 채널 공략 방법 — 148
3. 단계별 학습·습득 기간 — 154

Ⅵ. 단계별 영어 체득 리뷰 — 157
1. 1단계: 내국인 강좌로 학습하기 — 160
2. 2단계: 원어민 강좌로 몰입하기 — 163
3. 3단계: 네이티브 영어채널로 인풋 및 습득하기 — 165
4. 청출어람 — 172
5. Trap and threshold — 177

Ⅶ. 석별의 시간 — 185
1. 등잔불을 아시나요? — 185
2. 새로운 세계로 — 189
3. 영어와 분투 시절 — 192
4. 빌 게이츠는 게으름뱅이를 좋아해 — 196

참고문헌 및 자료 — 202
추천사 — 204

매뉴얼 목차

〈매뉴얼 1〉 컴퓨터에서 OPML 파일 Feedly 업로드 방법 　　　　63

〈매뉴얼 2〉 스마트폰에서 Feedly 앱 설치 방법 　　　　65

〈매뉴얼 3〉 Language Reactor 설치, 설정 및 활용 방법 　　　　66

〈매뉴얼 4〉 유튜브의 스크립트 제공 화면 　　　　68

〈매뉴얼 5〉 컴퓨터 유튜브의 자막, 속도조절 등 설정 화면 　　　　69

〈매뉴얼 6〉 스마트폰 유튜브의 기능 설정 및 활용 　　　　70

〈매뉴얼 7〉 유튜브의 반복구간 임의 설정 확장 프로그램 　　　　71

〈매뉴얼 8〉 YouGlish의 어구·표현 포함 동영상 검색 기능 　　　　72

〈매뉴얼 9〉 컴퓨터에 복습용 재생목록 만들기 및 활용 방법 　　　　77

〈매뉴얼 10〉 스마트폰에서 재생목록 활용 방법 　　　　78

| 유튜브 활용 3단계 실용영어 체득 시스템 |

본서에서는 유튜브의 영어 콘텐츠와 학습지원 기능을 유기적으로 활용하여 실용영어를 체득하는 방법을 소개합니다. 저명한 언어학자 스티븐 크라센 교수가 체계화한 학습-습득 구분 가설과 인풋 가설, 거꾸로 학습 등의 이론에 기반한 방법입니다. 여기서 체득이란 단어, 숙어, 문법, 독해 방법 등을 배워서 머리로 아는 학습을 넘어, 실용영어를 많이 듣고 섀도잉하고 필사도 하여 귀가 뚫리고 말문과 글문이 터지도록 하는 습득까지 포괄하는 개념입니다.

〈Feedly에 유튜브 채널 팔로우 등록 및 단계별 배치〉
- 한 화면에서 모든 팔로우 채널 확인 및 유튜브 접속
- 카테고리별 당일 업로드된 동영상 확인
- 스마트폰 Feedly 앱과 동기화

1단계 | 내국인 강좌 채널: 학습 과정

- 발음기호 및 발음현상 학습
- 기본문법 전반 및 문법원리 응용 학습
- 발음훈련: 발음현상, 발음기호 또는 음소, 강세, 리듬, 발성, 호흡 등
- 리스닝 및 섀도잉 실전 훈련: 미드, 영화, 애니메이션 등
- 비즈니스 및 생활영어 표현 학습

2단계 | 원어민 강좌 채널: 몰입 과정

- 영어를 영어로 강의(몰입 교육)
  - 학습: 어휘, 어구, 표현, 생활영어, 문법, 발음 등
  - 인풋: 네이티브 강의소리 반복 듣기 및 섀도잉

3단계 | 네이티브 영어채널: 인풋·습득 과정

- 다양한 영어채널 중 취사선택하여 인풋·습득
  - 미드/애니 클립
  - 스케치/청소년 미드/애니
  - 토크쇼/TV 프로
  - 일상생활 영어
  - 뉴스/보도
  - 해설/다큐/연설/강의
  - 우리 이야기 및 어린이 애니
- 아웃풋: 말하기와 글쓰기 연습

〈영어 학습지원 기능 활용〉
- 2, 3단계는 모두 채널이 자체 작성한 스크립트 제공
  - 자동 생성이 아니라 정확하고 문장 부호도 표시
- Language Reactor 활용
  - 스크립트 문장별 반복 듣기 및 섀도잉 가능
  - 한국어 번역 자막 제공
  - 어휘·어구의 손쉬운 네이버 사전 및 구글 검색 가능
- 자막, 속도조절, 구간 반복
- 찍찍이(되감기): 스마트폰
- Paraphraser(고쳐쓰기 사이트): 글쓰기 연습·실무

| 실용영어 체득은 이 책 한 권으로 |

　이제 더 이상 영어 듣고 말하고 쓰기 학습 방법이나 자료를 찾아 헤맬 필요 없습니다. 이 책의 방법과 콘텐츠만으로도 필요 충분합니다.

◆ 코로나19 팬데믹으로 비대면 활동이 일상화된 시대, 최적의 영어 듣고 말하고 쓰기 훈련 방법입니다.

◆ 컴퓨터뿐만 아니라 스마트폰으로도 언제 어디서나 인풋, 습득 등이 가능하여, 바쁜 직장인이나 학생도 실용영어 조기 체득이 가능합니다.

◆ 구체적인 방법, 과정, 이용 자료 등을 경험에 기반하여 상세히 제시하고 설명하기 때문에, 무작정 따라 하기만 하면 됩니다.

◆ 단계별로 구성되어 영어 왕초보자가 기초부터 학습하는 데는 물론 중고급자가 실력을 유지, 증진시키는 데도 적합합니다.

◆ 네이티브 유튜브 채널을 이용하기 때문에, 지금 현재 본토에서 통용되는 살아 숨 쉬는 구어 영어를 익힐 뿐만 아니라 글로벌 최신 정보, 지식 등도 습득할 수 있습니다.

◆ 우리나라 사람들이 가장 취약한 영어 듣고 말하고 쓰기를 배우고 익히는 데 최적이며, 유튜브로 대표되는 동영상 대세 시대에 걸맞은 방법입니다.

- 언어학계에서 보편적으로 인정하는 실용영어 학습 및 습득 이론에 기반하고, 저자 등의 체험으로 입증된 방법이므로 백 프로 신뢰하고 정주행해도 됩니다.

- 지난 수십 년간 온 국민이 실패한 단어, 문법, 독해 학습 위주의 구태의연한 방법이 아니라, 듣기부터 시작하는 일명 거꾸로 학습으로 실용언어 습득에 효과가 증명된 방법입니다.

- 물고기를 주어 달랑 하루만 먹여 살리는 것이 아니라, 물고기 잡는 방법은 물론 풍어 어장까지 가르쳐 주어 평생을 먹고살 수 있도록 할 것입니다.

- 저자의 시행착오 및 녹록지 않은 여건 극복 이야기는 영어공부 실패 또는 포기자에게 재도전 자극제가 될 것입니다.

- 저자와 저지의 방법으로 성공한 지인의 경험 기반 상세한 설명으로, 본서의 방법 등 유튜브를 활용하여 학습하고자 하는 사람에게 최고의 안내서가 될 것입니다.

| 이 책이 필요한 분 |

　이 책의 실용영어 체득 방법 및 전략은 기본적으로 시간 제약이 있는 30대 이상 직장인에게 적합할 것입니다. 자투리 시간을 최대한 활용할 수 있는 방법이고, 학교에서 영어 듣기를 제대로 배우지 못한 세대이기 때문입니다. 영어 듣고 말하고 쓰기 실력이 부족한 대학생에게도 유용할 것입니다. 내국인 영어학습 강좌들부터 수강·학습하므로 영어 왕초보자도 부담 없이 시작할 수 있습니다. 특히, 다음과 같은 학습자에게 최적의 방법일 것입니다.

◆ 영어공부에 처음 또는 재도전하려는데, 무엇에 대하여 어디서부터 어떻게 시작해야 할지 모르겠는 분.

◆ 섀도잉 방법이 최고라고 해서 시도하다가, 무슨 말인지 잘 들리지 않을 뿐만 아니라 어떻게 발음하는지도 헷갈려서 포기한 분.

◆ BTS(방탄소년단) RM처럼 미드로 영어공부를 시도하다가, 모르는 어휘나 어구도 많고 아는 단어조차 알아들을 수가 없어서 좌절한 분.

◆ 좋다는 영어학습 유튜브 채널 몇 개를 열심히 수강하고는 있는데, 향후 로드맵도 없고 성공에 대한 확신도 없는 분.

- 실용영어를 습득하려면 무엇보다 이해 가능한 인풋이 필요하다는 말은 들었는데, 활용할 만한 콘텐츠 및 도구나 구체적 방법을 몰라서 실행하지 못하는 분.

- 회화책으로 학습하거나 학원 강의를 수강하여 원어민과 기본적인 몇 마디까지는 대화가 가능한데 그 이상은 안 되는 분.

- 문법, 단어, 독해 공부는 했는데, 듣고 말하고 쓰기는 어떻게 익혀야 할지 모르는 분.

- 토익, 토플 등 시험 점수가 어느 정도는 나오는데, 그 이상은 아무리 해도 오르지 않는 분.

- 원어민 강사가 하는 말은 그럭저럭 알아듣겠는데, 본토 방송, 드라마, 영화, 원어민 간 대화 등은 거의 또는 아예 안 들리는 분.

- 국제회의 등에서 발표, 토론, 인터뷰 등을 제대로 하고 싶거나, 업무상 영문 이메일, 보고서 등 작성 때문에 걱정이신 직장인. 영문 자소서, 학업 계획서, 리포트, 에세이 등을 직접 작성하고 싶은 학생.

| 영어공부 이렇게 하면 안 돼요! |

    유튜브의 다양하고 무궁무진하고 싱싱한 영어 콘텐츠와 각종 학습 지원 기능을 제대로 활용하지 못하고 아직도 구태의연한 방법으로 공부하면 실용영어 듣고 말하고 쓰기 실력의 체득은 요원해집니다.

- 단어, 문법, 독해 위주의 학습은 지난 수십 년간 온 국민의 체험에 의해 증명된 잘못된 방법이라 안 돼요.

- 무슨 단어를 말하는지 식별도 잘 안 되는 방송, 드라마 등을 무작정 들으면 잡음을 듣는 것과 같아서, 실력도 안 늘고 집중력도 금방 소진되고 진만 빠져서 안 돼요.

- 저자도 경험해 봤지만 언어학자들이 그러는데, 이해 가능한 듣기 인풋이 부족한 상태에서 말하기부터 배우려 하면 안 돼요.

- 우리말로 해설하는 책이나 강의로만 학습하면, 영어 노출 시간이 턱없이 부족해서 안 돼요.

- 기초적인 수준의 패턴 영어나 상황별 판에 박힌 대사로 도배된 회화 교재로만 학습하면, 실제 상황에서는 몇 마디 이상 대화를 이어갈 수 없어서 안 돼요. 무엇보다 상대방 말을 알아듣지 못해서 안 돼요.

- 일상적으로 여기저기서 흔하게 쓰이는 쉬운 어휘·어구나 표현을 귀와 입에 익숙해지도록 자주 접하게 하는 방법이 아니고, 모르거나 어렵거나 새로운 어휘·어구 위주로만 배우는 방법은 안 돼요.

- 학습용 또는 시험용으로 녹음한 회화 소리나 듣기 문제는 실제 영어에 비해 발음현상을 제한적으로 적용하고 속도도 느리기 때문에, 이들만으로는 아무리 연습해도 실제 방송, 영화, 원어민 간 대화 등을 잘 알아들을 수 없어서 안 돼요.

- 잠깐! 능동적, 자기 주도적으로 듣고 섀도잉하고 필사하고 어휘·어구 검색, 해석하며 익히려 하지 않고, 수동적, 소극적으로 씹어서 먹여 주길 바라거나 머리로만 이해하고 넘어가려는 분은 이 책 절대로 사면 안 돼요.

- 하루 한 시간 이상 최소 일 년 정도 투자할 의향, 의지가 없거나, 하루 몇십 분 공부하여 또는 몇 달 이내에 귀가 뚫리고 말문이 터지는 비법 찾는 분도 역시 이 책 사면 절대 안 돼요.

들어가며

바야흐로 4차산업혁명 시대입니다. 모바일 시대입니다. 유튜브로 대표되는 동영상 대세 시대입니다. 아울러 코로나19 팬데믹으로 비대면 활동이 일상화된 시대입니다. 이 책에서는 이러한 시대에 걸맞은, 나아가 불가피한 실용영어 체득 방법을 소개합니다. 유튜브 영어 콘텐츠와 학습지원 기능을 유기적으로 활용하는 방법입니다. 저명 언어학자들이 체계화한 단단한 이론에 기반한 방법이기도 합니다. 저자가 겪은 적지 않은 시행착오와 영어 듣고 말하기 체득 여정 이야기도 담겨 있습니다.

저자가 수집·엄선한 유튜브 영어채널들을 각종 무료 학습지원 기능을 활용하여 본서의 안내에 따라 즐기며 학습·습득하다 보면, 영어 의사소통 능력이 자연스럽게 향상됩니다. 본서의 방법은 왕초보자도 시간 제약이 있는 직장인도 정상 수준까지 진격 가능하도록 단계적이고 효율적으로 설계되어 있습니다. 게으르고 직장생활로 바쁜 저자가 스스로 필요해서 정보 통신 최신 기술을 응용하여 체계화한 방법입니다. 단언컨대, 실용영어 체득 방법의 역사는 본서에서 소개하는 유튜브 활용 이전과 이후 시대로 구분될 것입니다.

본 저서에는 저자와 저자의 방법으로 연습하여 단기간에 영어 의사소통이 가능해진 한 지인이 체험한 실용영어 체득 콘텐츠, 도구, 방법, 과정 및 결과에 대하여 나눈 대화 기록도 포함되어 있습니다. 온전히 경험에 기반한 상세한 활용 및 리뷰 정보를 담고 있어서, 본서의 방법 등 유튜브를 이용하여 실용영어를 익히고자 하는 독자에게 최고의 안내서가 될 것입니다. 저자의 시행착오와 녹록지 않았던 공부 여건 극복에 대한 이야기는 독자에게 본서의 영어 체득 방법을 확신시키고, 거듭된 실패 경험 등으로 자포자기 상태인 분들에게는 재도전 의욕 자극제가 될 것입니다.

　우리가 적지 않은 시간과 비용을 투자하면서도 영어 듣고 말하기 체득에 실패하는 이유는 의지가 부족하거나 머리가 나쁘기 때문이 아닙니다. 게으르거나 바빠서도 아닙니다. 기존의 영어공부 방법과 활용 콘텐츠가 근원적으로 한계가 있기 때문입니다. 이제 본서에서 소개하는 체계적이며 흥미진진하고 가성비 최고이며 단단한 이론에 기반하고 체험으로 입증된 방법으로 다시 시작하면, 영어 귀가 뻥 뚫리고 말문이 확 트이고 글이 술술 써질 것입니다. 그래서 영어가 인생에 걸림돌이 아닌 디딤돌이 될 것입니다.

본서는 1부와 2부로 구성되어 있습니다. 1부에서는 먼저 본서의 실용영어 체득 방법의 이론적 기반에 대하여 설명합니다. 이어서 실용영어 체득 3단계와 단계별 유튜브 채널 그리고 각종 학습지원 기능 세팅에 대하여 상술합니다. 마지막으로 이들을 유기적으로 활용하는 실용영어 체득 방법 및 프로세스를 제시합니다. 2부는 저자의 영어공부 관련 인생 여정과 저자와 저자의 방법으로 연습하여 미국에 무난히 안착한 한 지인의 영어 학습 및 습득 내용, 도구, 방법, 과정, 결과 등에 대하여 나눈 대화록입니다.

유튜브 활용 3단계
실용영어 체득 가이드

Ⅰ. 실용영어 체득 이론

1. 학습-습득 구분 가설

　저명한 언어학자 스티븐 크라셴(Stephen Krashen) 교수는 영어공부를 학습(Learning)과 습득(Acquisition)으로 구분합니다. 그에 따르면, 학습은 학교나 학원에서 문법과 단어, 숙어 등을 배우고 이들을 적용하여 독해하고 발음 방법을 배워 낭독하는 것 등을 의미합니다. 이를 Skill building이라고도 합니다. 반면, 습득은 위와 같은 학습 과정 없이 이해 가능한 영어를 상당 기간 듣다 보면, 영어를 알아듣고 구사할 수 있게 되는 것을 의미합니다. 아동이 한동안 듣기만 하는 침묵의 시간(Silent period)을 거쳐, 알아듣고 말문까지 트이게 되는 것이 습득의 전형적인 사례입니다.

　우리나라 일본에서는 학교나 학원에서 주어진 교과 진도에 따라야 하기 때문에 학습 위주로 수업을 진행합니다. 독학할 때도 마찬가지로 단어, 숙어, 문법, 독해 등을 중심으로 학습하는 경향이 있습니다. 그래서 대부분 다양한 영어 소리에 노출되는 습득 과정 또는 기회가 거의 없습니다. 우리나라 사람들이 영어공부에 적지 않은 시간과 비용을 투입하는데도, 실용영어인 듣고 말하기에 유독 취약한 주요 원인입니다.

2. 인풋(Input) 가설과 몰입 교육

크라셴 교수가 체계화한 이론에 따르면, 이해 가능하거나 그보다 약간 높은 수준의 영어 소리에 노출되는 인풋(이해 가능한 인풋, Comprehensible input)을 지속하다 보면 말하기는 자연스럽게 습득됩니다. 충분한 인풋 과정 없이 말하기부터 시도하면 에너지만 많이 소모되고 말문도 잘 안 트입니다. 무엇보다 문법에 맞춰 단어를 조합하는 작문과정을 거치거나 외워서 말하려 하기 때문입니다. 이런 방법으로는 제아무리 문법 지식에 해박하고 암기력이 뛰어나더라도, 즉문즉답의 자연스러운 대화도 몇 마디 이상의 지속적인 대화도 어려울 것입니다. 상대방의 말을 제대로 알아듣지 못하는 것도 정상적인 대화의 걸림돌이 될 것입니다. 말문을 제대로 트기 위해서는 창발(Emerge)을 일으키기에 충분한 언어 노출 시간을 먼저 거쳐야 합니다. 그런 연후에 말하기를 시도하면 내추럴 말문이 훨씬 수월하게 열립니다.

그런데 크라셴 교수는 사물, 현상, 행동 등을 보여 주면서 설명 또는 묘사하는 소리를 듣는 것을 이해 가능한 인풋으로 제시하고 있습니다. 그러나 이러한 방법을 유아나 저학년 아동이 아닌 성인에게 적용하는 것은 현실적으로 불가능합니다. 그래서 다른 대부분의 언어학자나 일선 교육자들은 학습과 습득은 상호 배타적이지 않고 오히려 보완적이라는 점을 강조합니다. 학습 과정에서 습득이 될 수 있고, 아이들과 같은 방법으로 습득하는 것이 사실상 불가능한 성인이 습득을 하려면 학습을 병행해야 합니다.

한편, 영어 인풋의 중요성이 부각되어, 학교 교육에서 영어 소리 등에 노출되는 시간을 최대한으로 늘리기 위해, 영어뿐만 아니라 다른 교과목들도 영어로 강의하는 이른바 몰입 교육(Language immersion)이 확산되고 있습니다. 그러나 학생들의 영어 듣고 말하기 역량이 많이 부족한 상태에서 무리하게 추진하여, 영어는 물론 대상 과목 학습에도 지장을 야기하는 부작용 사례가 적지 않다고 합니다.

본서에서 소개하는 영어 듣고 말하기 학습 및 습득 방법은 다음 II장에서 설명하는 바와 같이 언어학자와 현장 교육자들이 체계화한 위와 같은 단단한 가설 또는 이론들에 기반한 것입니다. 이에 대하여 우선 약술하자면, 1단계: 우리말 영어학습 강좌로 학습하기, 2단계: 원어민 영어학습 강좌로 몰입 학습 및 인풋하기, 3단계: 네이티브 영어채널로 본격적으로 인풋 및 습득하기 등 3단계로 구성되어 있습니다. 아웃풋, 즉 말하고 쓰기는 이러한 인풋이 상당 기간 축적된 이후에 본격적으로 연습합니다. 이들 과정에서 스크립트 화면, 문장별 반복 재생, 속도조절, 한국어 번역 자막, 되감기, 어휘·어구의 클릭 또는 블록 설정 검색, 고쳐쓰기(Paraphraser) 등 학습지원 기능들이 유기적으로 활용됩니다.

3. 거꾸로 학습

앞에서도 언급했지만, 우리나라 사람들 대부분이 영어공부에 많은 시간을 투자하면서도 언어 학습의 핵심 목적인 의사소통, 즉 듣고 말하기에 취약하다고 합니다. 이러한 문제의 주된 원인으로 단어, 숙어,

문법, 독해 등을 위주로 가르치는 학교 교육과정이 지목되고, 대안으로 거꾸로 학습(Flipped learning) 방법이 주목받고 있습니다. 거꾸로 학습이란 기존의 프로세스와 정반대로 학습하는 방법을 의미합니다. 즉, 단어, 숙어, 문법, 독해 등부터 학습하는 것이 아니라, 처음부터 바로 리스닝을 하면서 모르는 단어, 어구나 문법이 있으면 그때그때 사전 등을 검색하여 익히는 방법입니다. 이런 방법으로 학습 또는 습득하면 알아듣는 실력부터 늘게 되고 그래서 많이 듣다 보면 말하기 실력도 늘 것입니다. 단어나 어구 및 표현은 실제 쓰임새와 함께 그리고 자주 쓰이는 것들부터 귀와 입에 숙달될 것입니다. 본서의 핵심 단계인 3단계가 본격적인 거꾸로 학습에 해당됩니다. 영어방송 등을 시청하며 듣기 연습을 하면서 모르는 단어나 어구가 있으면 그때그때 사전 등을 검색하여 익히기 때문입니다.

　문법에 대하여도 마찬가지로 그때그때 확인하는데 단, 문법적으로 접근하지 않고 관련 단어를 사전 검색하는 방법을 이용합니다. 예긴대, would/should/must+have pp가 포함된 표현이 있는데 이 구문 때문에 해석이 안 되면 would, should, must 등을 네이버 사전 검색합니다. 그러면 그러한 유형의 구문일 때의 뜻과 함께 해석을 곁들인 예문들을 찾을 수 있는데, 이것을 참고하면 해석이 가능할 것입니다. which, what 등의 관계대명사가 포함된 표현이 있는데 이 부분 때문에 해석이 안 되면, 문법책의 관계대명사를 찾을 필요 없이 which, what 등의 단어를 편리한 네이버 사전으로 검색하여 해결할 수 있습니다.

동사 단어의 경우 어떤 문장 형식 또는 구조가 뒤따르는가가 중요한데, 역시 해당 동사를 사전 검색하면 그런 유형의 형식 또는 구조에서의 뜻과 예문을 찾을 수 있습니다. 그래서 굳이 5형식 등 문법적으로 접근하지 않아도 이해할 수 있습니다. 이와 같이 거의 모든 문법 문제는 관련 단어의 사전 검색으로 해결할 수 있습니다. 단, 기본적인 문법 전반에 대하여 본서의 1단계 초기에 별도로 학습하는 과정이 있고 이외 1 및 2단계에 난해하거나 중요한 문법 관련 강의들이 산재해 있습니다. 이 중 선별하여 수강해 두면 위와 같은 방법으로 학습할 때 기반 지식이 될 것입니다.

4. 스키마 이론

스키마 이론(Schema theory)이란 핵심 주제나 배경지식을 알고 영문을 읽으면 그렇지 않은 경우에 비해 빠르고 깊게 이해할 수 있다는 것입니다. 우리는 영문을 읽을 때 단어 하나하나를 이해하는 과정을 거쳐 구문, 문장으로 이해를 넓혀 가는, 즉 상향식으로 정보를 처리하는 것으로 생각합니다. 그러나 스키마 이론에 따르면, 읽기는 관련 경험이나 사전 지식을 통해 이해하는 하향식 정보 처리를 수반한다고 합니다. 듣기 연습을 해 본 사람은 대부분 알겠지만, 영어를 들을 때도 마찬가지로 사전 또는 배경지식이 있거나 평소 관심이 많은 분야일 경우 듣기가 상대적으로 수월합니다.

본서의 3단계 중 뉴스, 해설, 강의 등의 채널에서는 평소 관심이 있거나 사전 지식이 있는 동영상들을 찾아 시청하면 알아듣기가 상대적으로 수월하고 기억에도 오래 남을 것입니다. 기타에 있는 우리 이야기 채널 동영상들은 모두 우리나라와 관련된 것들이라 같은 이유로 같은 효과가 있을 것입니다. 스키마 이론은 영어 동영상을 이용하여 공부하는 과정에도 적용되는 것 같습니다. 본서에서는 동영상을 공략할 때 먼저 두세 차례 들어서, 개략적으로라도 내용을 파악하도록 하였습니다. 그러면 이렇게 파악한 내용이 사전 지식으로 작용하여, 이후 어휘·어구를 검색 확인하고 문장을 해석하기가 수월할 것입니다. 스키마 이론은 우리말로 익힌 경험과 지식이 풍부한 사람이 영어도 수월하게 배운다는 점을 강조할 때 주로 인용합니다.

〈실용영어 체득 이론 요약〉

학습-습득 구분 가설

- 학습(Learning): 어휘·어구·문법·독해·회화 등 위주 학습(예, 학교수업)
  - 우리나라 사람의 실용영어 듣고 말하기 취약 원인
- 습득(Acquisition): 이해 가능한 소리 인풋 누적으로 듣고 말하기 습득
  - 전형: 아이가 듣기만 하는 침묵의 과정을 거쳐 듣고 말하기 가능

인풋 가설

- 인풋누적 과정 없이 처음부터 말하기를 시도하면 정상적인 의사소통 불가
  - 문법적용 작문과정을 거치거나 회화표현 등을 외워서 말하기 시도
    - → 자연스러운 즉문즉답도 몇 마디 이상 지속 대화도 불가능
       상대방 말을 알아듣지 못하는 것도 대화의 걸림돌
- 이해 가능한 인풋(Comprehensible input)
  - 사물, 현상, 행동 등을 설명 또는 묘사하는 소리 인풋이 전형
    - → 성인에게 적용 사실상 불가능, 학습을 병행한 인풋 필요

거꾸로 학습(Flipped learning)

- 처음부터 듣기로 시작
  - 본서에서 소개하는 유튜브의 영어 컨텐츠와 학습지원 기능 활용
- 모르는 어휘, 어구, 문법 등은 그때그때 검색 등을 하여 확인·해석하고
  - 문장별 반복 듣기·섀도잉하여 알아들을 수 있게 된 후 반복 듣기 인풋
    - → 이해 가능한 인풋, 학습을 병행한 인풋
- 어휘·어구는 실제 쓰임새와 함께, 표현은 자주 쓰이는 것부터 숙달
- 본격적인 말하기와 쓰기 연습은 상당 기간 인풋 축적 이후 시도
  - 고쳐쓰기 프로그램(Paraphraser) 활용

몰입 교육과 스키마 이론

- 몰입 교육(Language immersion): 인풋 확대 위해 영어로 강의
  - 원어민 영어학습 강좌, 강의내용 학습 및 강의소리 인풋
- 스키마 이론(Schema theory)
  - 핵심주제나 배경지식을 알거나 관심있는 내용은 알아듣기 등 수월

II. 영어 체득 3단계와 단계별 유튜브 채널

1. 단계별 유튜브 채널 체계

본서의 영어학습 및 습득 과정은 3단계로 구성되어 있습니다. 1단계는 내국인 강좌를 수강하며 학습하는 과정입니다. 발음, 문법, 어구, 표현, 생활영어, 듣기 등을 포함하여 우리가 모르거나 잘못 알고 있거나 어려워하는 것들을 중심으로 우리말로 하는 강의들이라 초·중급자에게 유용할 것입니다. 2단계는 원어민 강좌로 영어를 영어로 배우는 몰입 과정입니다. 어휘, 어구, 표현, 문법, 발음, 생활영어, 학습 방법 등 강의 내용을 학습하고 아울러 원어민의 영어 소리를 듣고 섀도잉하며 영어를 인풋하는 과정입니다.

3단계는 학습용이 아닌 네이티브 대상 영어방송 등의 채널을 시청하며 본격적으로 인풋을 크게 늘리는 영어 습득 과정입니다. 미드, 애니, 토크쇼, Vlog, 뉴스, 다큐, 강연 등 다양한 영어채널 또는 동영상 중 본인의 목적, 취향 등에 부합하는 것들을 중심으로 즐기며 시청하며 인풋을 확대합니다. 1, 2단계에서 학습하며 익힌 기본기를 바탕으로 많이 듣고 섀도잉도 하다 보면, 영어 귀가 뻥 뚫리고 말문도 빵 터질 것입니다. 기타에는 흥미롭고 배경지식이 있어서 유용한 우리 이야기 채널과 어린이의 영어 인풋에 도움이 될 애니메이션 채널들이 있습니다.

 2단계 원어민 강좌와 3단계 네이티브 영어방송 등은 초·중급자의 경우 초기에는 대부분 그냥 들어서는 이해가 잘되지 않을 것입니다. 그런데 이들은 모두 채널에서 자체 작성하여 정확하고 문장 부호도 있는 스크립트가 제공되는 것들입니다. 이들을 후술하는 Language Reactor 등 학습지원 기능을 활용하여, 모르는 어휘·어귀나 문법을 손쉽고 빠른 방법으로 사전 검색하며 해석하고 문장별 및 전체를 반복해서 시청하고 섀도잉도 합니다. 그러면 인풋 가설에서 말하는 이른바 이해 가능한 인풋이 되는 것입니다. 아이들과 같은 방법으로 습득하는 것이 사실상 불가능한 성인이 학습을 병행한 습득을 하는 것입니다. 이렇게 하여 이해 가능해진 동영상은 스마트폰으로도 언제 어디서건 반복 시청이 가능하여 단기간에 영어 노출 시간을 크게 늘릴 수 있습니다. 그러다 보면 조기에 영어 리스닝이 가능해지고 말하기와 글쓰기 연습이 버겁지 않은 창발의 시기에 다다를 것입니다.

〈단계별 폴더 구성 및 유튜브 채널 리스트〉

단계	폴더		유튜브 채널·재생목록		비고
	번호	이름	번호	이름	
1단계 학습 과정	10	내국인 강좌	1	발음기호 및 발음현상(닥R영)	발음
			2	영문법 NEW(션킴)	기본 문법
			3	쓰는영어	문법 응용
			4	갓주아TV(소리튜닝 프로젝트)	발음, 발성
			5	영어패턴(러닝그라운드)	패턴 영어
			6	ATTIC 영어상영관	미드·애니·영화 등 클립
			7	영어는 반복이다	
			8	구슬쌤	직장·일상 생활 영어
			9	폼나는 영어	
			10	라이브 아카데미 토들러	구어 표현 작문
			101	라이브 아카데미	
2단계 몰입 과정	20	원어민 강좌	1	Speak English With Vanessa	
			2	Rachel's English	
			3	Speak Confident English	
			4	English with Emma·engVid	
			5	Learn English with Bob the Canadian	
			6	Simple English Videos	미국+영국 영어
			7	English with Lucy	영국 영어
			8	mmmEnglish	호주 영어
			9	6 Minute English (BBC Learning English)	영국 영어

단계	폴더		유튜브 채널·재생목록		비고
	번호	이름	번호	이름	
3단계 인풋 및 습득 과정	31	미드/ 애니 클립	1	Friends(TBS)	
			2	One Chicago	
			3	Brooklyn Nine-Nine	
			4	Law & Order	
			5	Will & Grace	
			6	Superstore	
			7	ABC 방송	
			71	ABC 방송 미드 Clip	
			8	NBC 방송 미드 Clip	
			9	South Park Studios	성인 애니
			10	애니 방송 Clip	
	32	스케치/ 청소년 미드/ 애니	1	Studio C	코미디 스케치
			2	Smosh	
			3	Key & Peele	
			31	Saturday Night Live	
			4	Brat TV	청소년 미드
			5	Henry Danger Official	
			6	NickRewind	
			7	Nickelodeon	
			8	The Loud House & The Casagrandes	청소년 애니
			9	Avatar: The Last Airbender	
			10	Talking Tom & Friends	
			11	SpongeBob SquarePants Official	

단계	폴더		유튜브 채널·재생목록		비고
	번호	이름	번호	이름	
	33	토크쇼/ TV 프로	1	The Tonight Show Starring Jimmy Fallon	남자 진행자
			2	The Daily Show with Trevor Noah	
			3	Team Coco	
			4	Late Night with Seth Meyers	
			5	TheEllenShow	여자 진행자
			6	The Wendy Williams Show	
			7	The Drew Barrymore Show	
			8	The Kelly Clarkson Show	
			9	OWN 방송	TV 프로
			10	Paramount Network	
			11	The Voice	
			12	Paternity Court	
	34	일상 생활 영어	1	Ballingor Family	가족 Vlog
			2	J House Vlogs	
			3	Tic Tac Toy Family	
			4	Shot of The Yeagers	
			5	Holderness Family Vlogs	
			6	SIS vs BRO	남매 Vlog
			7	Brooklyn and Bailey	자매 Vlog
			8	HiHo Kids	어린이 중심
	35	뉴스/ 보도	1	PBS NewsHour	종합
			2	Washington Week PBS	정치
			3	CNBC	경제

1부 유튜브 활용 3단계 실용영어 체득 가이드

단계	폴더		유튜브 채널·재생목록		비고
	번호	이름	번호	이름	
			4	CNBC International	경제
			5	Wall Street Journal	
			6	Vox	탐사 보도
			7	Live Rescue(A & E)	밀착 취재
	36	해설/ 다큐/ 연설/ 강의	1	TED	상식·교양 해설
			2	Big Think	
			3	SciShow	
			4	The Infographics Show	
			5	CrashCourse	
			6	Animal Planet	동물 다큐
			7	Nat Geo WILD	
			20	English Speeches	명사 스피치, 처세술
			201	Law of Attraction Coaching	
			30	Khan Academy	초중등 강의
			31	MIT OpenCourseWare	대학교 강의
기타	41	우리 이야기	1	Lily Petals 릴리가족	화면 한영 자막
			2	션 파블로 Sean Pablo	
			3	하이채드 Hi Chad	
			4	에밀튜브 - EmilTUBE	
			5	cari cakes	영어 스크립트
			6	JOLLY	영한 자막
			7	우리 이야기 동영상	영어 스크립트
	42	어린이 애니	1	Tayo the Little Bus	한국 제작
			2	Robocar POLI TV	
			3	Caillou - WildBrain	

단계	폴더		유튜브 채널·재생목록		비고
	번호	이름	번호	이름	
			4	Peppa Pig - Official Channel	영국 영어
			5	Thomas & Friends	
			6	George of the Jungle	
			7	My Little Pony Official	
			8	PJ Masks Official	
			9	Ben and Holly's Little Kingdom - Official Channel	영국 영어
			10	Cocomelon - Nursery Rhymes ♪	동요
			11	Little Baby Bum - Nursery Rhymes & Kids Songs	

2. 제1단계(내국인 강좌): 학습 과정

1단계에서는 영어 왕초보자도 부담 없이 즐기며 학습할 수 있는 내국인 학습 강좌 채널들을 이용합니다. 먼저, 영어 듣고 말하기의 초기 걸림돌인 발음기호 및 발음현상에 대하여 눈과 귀와 입으로 익힙니다. 아울러 기본적인 문법 전반과 문법 원리 응용에 대한 강좌를 수강하고, 발성, 호흡, 강세, 리듬, 분절, 발음현상, 음소(발음기호) 발음 등까지 똑같이 따라 발음하는 훈련도 합니다. 이어서 실제 미드, 애니, 영화 등의 클립을 무자막, 영어 자막, 한국어 자막 등의 상태로 구간별 반복 재생해 주는 동영상들을 시청하며, 듣고 섀도잉하는 연습을 하고 리얼 영어 표현도 익힙니다. 단어나 표현의 미묘한 뉘앙스 차이까지 설명하는 강좌를 수강하면서, 직장 또는 실생활에서 자주 쓰이는 표현들에 대하여도 학습합니다.

'01. 발음기호 및 발음현상'에서는 먼저 자음과 모음 발음기호에 대하여, 우리말에는 없거나 구분이 잘 안 되어 제대로 식별 또는 발음하기 어려운 발음기호를 중심으로 듣고 따라 발음하며 익힙니다. 예컨대, [t]와 [d], [l]과 [r], [f]와 [v], [θ]와 [ð], [s]와 [z], [ʃ]와 [ʒ], [tʃ]와 [dʒ] 등을 귀와 입으로 분별하고, 모음은 입술의 형태, 입 벌림의 정도, 혀의 위치 등의 발음기호별 차이를 따라 발음도 해 보며 확인합니다. 발음현상 강의는 원어민들이 상시 적용하는 17가지에 대한 것으로 이런 현상이 실제 발생한다는 사실을 확인하고, 원음 소리 부분을 반복해서 듣고 따라 발음하며 귀와 입으로 익힙니다.

〈발음기호 및 발음현상 강의 동영상 목록〉

1. 자음 발음기호(Consonant sounds)
2. 모음 발음기호(Vowel sounds)
3. 연음 발음(Linking)
4. 모음 간 t, d의 단타 발음(Flap)
5. 겹자음의 앞 음 발음(Linking similar consonants)
6. 성문·비강파열 및 음절 발음(Glottal·nasal stop)
7. 모음 간·단어 끝 nd, nt 발음(nd, nt reductions)
8. 중간·끝자음 발음(Consonant clusters and nonreleased final consonants)
9. 자음 앞 of의 약형 발음(of reductions)
10. th로 시작되는 기능어의 약형 발음(Reductions with th)
11. h로 시작되는 기능어의 약형 발음(Reductions with h)

12. and, or의 약형 발음(Reductions for and, or)
13. 조동사의 축약 발음(Contractions with auxiliary verb)
14. be 동사의 축약 발음(Contractions with the verb 'be')
15. to 부정사가 이어지는 동사의 축약 발음(Contractions with the infinitive 'to')
16. not의 축약 발음(Negative contraction)
17. 동화 발음(Assimilation)
18. 약모음의 애매 발음(Schwa)
19. 비강세 어두음·기능어의 구강 모양 발음(Ellipsis)

'02. 영문법 NEW'에서는 영어 문법 전반에 대하여 기본적인 내용을 학습합니다. '03. 쓰는영어'에서는 우리나라 사람들이 틀리기 쉬운 주요 어휘나 표현들을 문법 원리적으로 설명하여 기억에 각인시켜 줄 것입니다. 이후 내국인 및 원어민 영어학습 강좌에서도 난해하거나 중요한 문법 관련 동영상들이 산재해 있는데 본인이 필요하다고 생각하는 것들을 중심으로 수강합니다. 그리고 전술한 바와 같이 영어 습득 과정에서 해석할 때 필요한 문법 문제는 관련 단어를 사전 검색하는 방법으로 해결합니다.

'04. 갓주아TV'에서는 먼저, 영어 '소리 튜닝 100일 프로젝트' 영상을 모두 수강, 연습하고, 이외 소리 튜닝 강의 등도 가능한 한 많이 수강합니다. 이때 반드시 큰 소리로 강사님을 따라 똑같이 발음 또는 발성도 해야 합니다. 강의 여기저기서도 언급하고 있지만, 강세가 있는 내용어는 호흡을 내뱉으며 강하게 발음하고 강세가 없는 기능어는 내용어에 이어 붙여서 호흡을 들이마시면서 약하게 발음하는 경우가 일반적입니다. 아울러 우리말은 힘을 많이 안 쓰며 성대로 얇게 발성하는 반면, 영어는 가슴 또는 배로부터 힘을 많이 쓰며 발성하고 리듬을 탑니다. 영어를 말하거나 섀도잉할 때 이렇게 발음해야 네이티브 영어 소리처럼 들립니다. 또 나중에 미드 등으로 연습할 때 알게 될 것입니다만, 이런 식으로 성대모사 하듯 똑같이 따라 해야 섀도잉도 잘되고 듣기 실력도 증진됩니다. 다시 강조하지만, 발음 방법은 머리로 아는 것만으로는 아무런 의미가 없습니다. 강사님의 지시대로 과하다 싶을 정도의 액션도 취해 가며 크게 소리 내어 따라 하며 몸으로 익혀야 합니다.

'05. 영어패턴'에서는 '영어 회화 패턴' 동영상들을 학습합니다. 직전 '갓주아TV'에서 배운 방법을 적용하여 섀도잉도 많이 시도합니다. 이미 알고 있는 표현이라도 귀와 입에 익숙해질 때까지 연습합니다. '06. ATTIC 영어상영관'과 '07. 영어는 반복이다'도 왼쪽 방향 화살표 자판으로 5초 되감기를 하며 가능한 한 많이 반복해서 듣고 섀도잉도 시도하고 구어 영어 어휘·어구·표현 등도 익힙니다. 3단계에서 미드 등으로 영어 습득할 때 도움이 될 것이니까 가능한 한 모두 시청합니다.

'08. 구슬쌤', '09. 폼나는 영어' 채널의 동영상들도 가능한 한 빠짐없이 시청, 학습합니다. 모두 직장이나 일상생활에서 자주 쓰이는 것들로, 3단계 습득할 때 자주 접할 표현들이고 말하기 실력 증진에도 도움이 될 것이기 때문입니다. '10. 라이브 아카데미 토들러'는 초보자에게는 다소 버거울 수 있습니다. '101. 라이브 아카데미'는 중·고급자용으로 그보다 더 어렵습니다. 그러므로 1단계 학습 과정에서는 구어 영어 문장을 해석하고 어휘, 어구, 표현, 문법 등을 익히는 연습에 활용합니다. 그리고 나중에 3단계 습득 과정이 어느 정도 경과하여 말하기 연습을 시도할 때, 먼저 제시되는 우리말 지문을 스스로 영작하고, 강의를 들으면서 강사님의 영작과 비교, 보완하는 등의 연습에 활용하면 안성맞춤일 것입니다.

위와 같은 1단계 채널들은 다음과 같은 순서로 학습합니다.

'01. 발음기호 및 발음현상' 중 자음과 모음 발음기호 설명 동영상(2개)
→ '02. 영문법 NEW' 동영상(20여 개) → '03. 쓰는영어' 동영상 모두
→ '01. 발음기호 및 발음현상' 중 17가지 발음현상 설명 동영상(17개)
→ 04. '갓주아TV'의 '영어 소리 튜닝 100일 프로젝트' 동영상 모두

이후의 채널과 동영상은 순서 없이 섞어서 학습합니다. 단, 초보자가 아니면 위의 순서를 무시하고 처음부터 본인이 취약하다고 생각되거나 관심 있는 채널 또는 동영상을 중심으로 선별하여 수강합니다.

01. 발음기호 및 발음현상(닥R영)
자음과 모음 발음기호에 대하여 구강 단면과 입의 움직임을 보여 주며 발음 및 설명한다. 발음기호 사이의 유사점과 차이점을 비교하는 내용도 포함되어 있다. 그리고 17가지 발음현상에 대하여 실제 방송, 영화 등에서 발췌한 오디오 파일을 발음현상이 나타나는 어구 및 문장 단위로 구간반복해서 들려주며 설명한다.
02. 영문법 NEW(션킴)
영어 문법 전반에 대하여 핵심적인 내용을 알기 쉽고 간결하게 설명한다. 어려운 문법 용어를 가능한 한 사용하지 않고 간단한 문장 또는 표현을 예로 들어가며 설명하기 때문에 초보자도 이해하기 쉽다. 아울러 핵심 포인트들을 짚어 주고 마지막 부분에서 총정리도 해 주어 기억에도 오래 남도록 하였다.

03. 쓰는영어

실생활에서 자주 쓰이는 구어 영어들에 대하여 어휘, 어구, 표현 등의 미묘한 뉘앙스 차이, 상황에 따라 다른 표현 등을 문법 원리적으로 설명하여 명료하게 이해할 수 있다. 10여 년간 강의 및 첨삭 지도 경험에 기반한 강의들로 우리나라 사람들이 헷갈리거나 틀리기 쉬운 부분을 집중적으로 다룬다.

04. 갓주아TV(소리튜닝 프로젝트)

영화, 미드, 토크쇼 등의 클립을 전체 및 부분별로 반복해서 들려주며 내용어와 기능어 강세, 발성(소리 위치), 리듬, 호흡, 분절(끊기), 음소 발음, 연음, 축약, 단타, 생략 등에 대하여 상세히 분석·설명한다. 아울러 액션도 취해 가며 역동적으로 발음·발성 연습 지도 및 시연도 해 준다. 패턴영어, 자기계발 스피치 등을 이용한 듣기, 말하기 습득 동영상도 포함되어 있다.

05. 영어패턴(러닝그라운드)

영어회화 핵심패턴이 포함된 다양한 표현 예문들을 영화 등에서 발췌하여 반복 시청 및 섀도잉할 수 있도록 편집하였다. 표현별로 무자막 4회, 스크립트와 해석을 보여 준 후 유자막 4회, 스크립트 보여 주며 따라 하기, 해석만 보여 주며 영작 퀴즈, 유자막 2회, (Recap) 자막 무·유 각 1회, 스크립트 보며 따라 하기, 자막 무·유 각 1회 순으로 재생·진행된다.

06. ATTIC 영어상영관

영화, 시트콤, 드라마, 팝송 등의 클립을 한두 문장 구간별로 어휘, 어구, 표현, 문법, 문장 구조에 더하여 뉘앙스, 상황, 느낌 등에 대한 상세한 설명을 곁들여 해석하고, 반복 시청할 수 있도록 편집하였다. 한두 문장별로 유자막 1회, 해석과 해설, 무자막 2회, 어휘 및 표현 영어 설명 등으로 재생·진행된다.

07. 영어는 반복이다

프렌즈 클립을 무자막, 영어 자막, 영한 자막, 속도조절 등의 상태로 돌아가며 반복 시청하도록 편집하였다. 어휘, 어구 등의 해석과 이해에 도움이 되는 정보들도 자막으로 제공한다. 문장별로 무자막 1회, 유자막 1회, 해설과 해석 자막 포함 2회(빠르면 속도조절 포함), 해석 포함 유자막 1회 순으로 재생·진행된다.

08. 구슬쌤, 09. 폼나는 영어
네이티브가 직장, 일상생활 등에서 입에 달고 살지만 우리는 모르거나 쉽게 쓰지 못하는 어휘, 어구, 표현 등을 중심으로 상황, 뉘앙스, 느낌, 격식, 쓰임새 등과 함께 설명, 소개한다. 실제 미국 직장생활 등 경험에 기반한 내용들이며, 모두 본서 3단계 네이티브 채널들로 학습·습득할 때 자주 접하게 될 것이다. 영화, 미드 등에서 캡처한 해당 표현 대사 영상도 보여 준다.
10. 라이브 아카데미 토들러, 101. 라이브 아카데미
다양한 상황별 영어 회화·표현을 작문하며 이때 쓰이는 어휘, 어구, 구동사, 문법 등에 대하여 뉘앙스, 어감, 느낌, 조건 등의 차이도 설명하고 발음도 해 준다. 사전에 제시되는 한국어 지문을 영작하여 이어지는 강사의 영작 및 해설과 비교하는 작문 연습에 안성맞춤이다. 어휘, 어구, 표현, 문법 등에 대하여 예문과 함께 설명하는 동영상도 많다. 토들러는 초·중급자용이고 라이브 아카데미는 중·고급자용이다.

3. 제2단계(원어민 강좌): 몰입 과정

2단계에서는 비교적 쉬운 영어로 또박또박 발음(이른바 배려 영어)하여 알아듣기가 상대적으로 양호한 다양한 내용의 원어민 영어학습 강좌를 수강합니다. 자신이 선호하는 강사의 채널 또는 익히고 싶은 학습 분야의 동영상 위주로 시청하며 어휘, 어구, 표현, 생활영어, 어법, 문법, 발음 방법 등을 학습합니다. 동시에 상대적으로 정확하게 발음하는 원어민 강의 소리 자체를 반복해서 듣고 섀도잉도 하여 듣고 말하는 실력도 늘립니다.

여기서는 우선 각 채널에 있는 어휘(Vocabulary), 어구(Idioms, Phrases, Phrasal verbs, Collocations 등), 표현(Expression), 문법

(Grammar) 등에 대한 강의를 '재생목록'이나 '동영상' 경로로 들어가 찾아서 많이 수강합니다. 예문을 곁들여 가며 영어로 설명하므로 몰입 학습의 전형입니다. 채널마다 있는 특정 주제나 영어공부 방법에 대하여 대화, 토론, 인터뷰 또는 설명하는 동영상들은 초·중급자가 구어 영어를 반복해서 듣고 섀도잉하며 인풋 및 습득하기에도 안성맞춤입니다.

강좌들의 강의 내용은 대동소이한데 각자 특징이 있습니다. 'Vanessa' 채널에는 대화, 'Rachel' 채널에는 발음 강의, 'Confident English' 채널에는 이런저런 전략에 대한 강의 등이 많이 포함되어 있습니다. 그리고 'Emma' 채널은 판서 강의, 'Bob' 채널은 토픽 설명식 강의, 'Simple English Videos' 채널은 부부의 대화 형식 강의가 특징적입니다. 07~09는 영국과 호주 영어채널이며 강의 내용은 앞의 미국 채널들과 거의 같습니다. 영국 영어채널이 3단계에 없기 때문에 본서에서는 영국 영어를 여기서만 접할 수 있습니다. 국제회의 등에 참석하다 보면 영국 발음하는 사람들이 적지 않고 입시, 토익 등에서 영국 발음 문제도 출제되므로 영국 영어도 습득할 필요가 있습니다.

01. Speak English With Vanessa
어휘, 어구, 표현, 문법, 발음, 리스닝, 비즈니스 영어, 생활영어, 말하기, 토크, 인터뷰 등 모든 학습 분야에 대하여 강의한다. 배우자, 다른 영어 강사 등과 다양한 주제 또는 영어공부 방법에 대한 대화, 인터뷰 등의 동영상들도 포함되어 있다.

02. Rachel's English
미드, 영화, 뉴스, 가족 등과 실제 대화 등을 이용하여 발음기호, 발음현상, 어휘, 어구 등을 분석 또는 설명한다. 학습대상 단어가 포함된 여러 영상 사례들을 보여 주며, 발음, 문맥상 의미 등을 설명; 취업 인터뷰; 속어 등에 대한 학습 동영상 등도 포함되어 있다.

03. Speak Confident English

취업·입시 인터뷰, 프레젠테이션, 협상, 스몰 토크, 질문·의견 제시 등의 화술에 대한 체계적 전략, 관련 어휘·어구·표현 등을 설명한다. 다양한 어휘, 어구, 표현, 콜로케이션, 문법 등을 각종 상황별 사례 포함 설명하는 동영상도 많다.

04. English with Emma·engVid

상황·주제별 생활영어, 어휘, 어구, 표현 등; 영어시험, 쓰기, 듣기, 읽기 등의 노하우; 대화, 인터뷰, 스몰 토크 등에 대한 강의들이다. 어휘, 어구, 속어, 문법, 발음, 영어학습 방법 등에 대한 동영상들도 포함되어 있다. 아울러 engVid 소속 강사 9명의 학습 채널이 링크되어 있다.

05. Learn English with Bob the Canadian

다양한 토픽에 대하여 상세하게 설명, 묘사 등을 하여, 토픽에 대하여 이해하고 관련 어휘, 어구, 표현 등을 익힐 수 있도록 한다. 질의 답변 등을 제외한 Lesson Only를 따로 편집하여 스크립트와 함께 제공한다. 문법, 어휘, 어구 등의 강의와 함께 현직 고교 교사로서 영어학습 방법, 태도 등에 대한 강의도 자주 올린다.

06. Simple English Videos

미국인 남편과 영국인 아내인 부부가 대화, 이야기, 상황극, 코미디가 가미된 토막극 등의 형식으로 어휘, 어구, 표현, 발음, 문법, 생활영어 등에 대하여 강의한다. 미국 영어와 영국 영어 비교; 어구, 표현 등에 대한 퀴즈 형식의 강의 등이 동영상도 포함되어 있다. (미국 영어+영국 영어)

07. English with Lucy

어휘, 상용어구, 표현, 비즈니스 영어, 속어 등에 대하여 발음, 문맥·맥락상 의미, 용례 등을 설명한다. 듣기, 발음, 악센트, 말하기, 인터뷰, 자기소개, 스몰 토크 등에 대한 방법, 사례 등과 문법, 학습 방법 등에 대한 설명 동영상들도 포함되어 있다. (영국 영어)

08. mmmEnglish

연음, 축약, 철자 발음, 강세; 어휘, 어구, 표현, 속어, 콜로케이션 등에 대하여 설명하고 용례를 들려준다. 유의어들의 뉘앙스 차이, 문법, 대화, 소개하기 등 말하기, 영어 습득 방법 등에 대한 동영상들도 많다. 퀴즈, 테스트, 실습 등이 포함된 경우도 많다. (호주 영어)

> **09. 6 Minute English(BBC Learning English)**
> BBC에서 실제 방영된 다양한 방면의 시사성 있는 토픽에 대한 방송 내용을 발췌하여 들려주면서 토론한다. 중간에 상식 퀴즈도 포함되어 있고 말미에서는 등장했던 어휘나 어구들에 대하여 설명해 준다. 6분 분량의 리스닝과 어휘·어구 학습 목적 동영상들이다. (영국 영어)

4. 제3단계(네이티브 영어채널): 인풋 및 습득 과정

3단계는 영어학습 강좌가 아닌 본토발 네이티브 대상 영어채널을 시청하며 영어 인풋을 본격적으로 늘리는 과정입니다. 우리나라 사람들이 가장 취약한 의사소통 능력을 키우기 위해서는 영어 소리 인풋을 늘리는 습득 과정이 필수적입니다. 학습은 주로 모르거나 잘못 알고 있거나 난해하거나 새로운 어휘, 어구, 표현, 문법, 구문 등을 배우는 과정입니다. 습득은 이에 더하여 쉽거나 이미 알고 있고 자주 그리고 일상적으로 사용되는, 그래서 학습 과정에서는 거의 다루지 않는 어휘, 어구, 표현 등을 여기저기서 반복해서 많이 소리로 접하는 과정입니다. 영어 의사소통을 자연스럽게 하려면 학습하여 머리로 아는 것만으로는 한계가 있고, 쉽고 이미 알고 있는 것도 포함하여 인풋을 많이 해서 귀와 입에 익숙해지도록 해야 합니다.

3단계는 다양한 유형의 영어 볼거리 채널들로 채워져 있습니다. 먼저, 구어 영어 습득에 절대적으로 유용한 미드, 애니, 스케치(토막극), 토크쇼, 가족 Vlog 등의 채널들이 있습니다. 그리고 영어 습득은 물론 최신 정보를 접하고 지식과 상식의 지평을 넓히고 고급 또는 전문 용어를 익힐 수 있는 뉴스, 보도, 해설, 다큐, 강의, 연설 등의 채널들이 있습니다. 아무리 영어 구사 능력이 출중해도 그것에 담아 주고받을 내용이 빈약하면 무용지물이나 다름없기 때문에 이런 채널도 많이 시청할 필요가 있습니다. 3단계에서는 자신의 목적, 취향, 선호 분야 등을 감안, 채널 또는 동영상을 선별하여 즐기며 영어를 인풋 및 습득하면 됩니다.

31. 미드/애니 클립

여기서는 먼저 대부분을 차지하는 2~4분 전후 분량의 클립 동영상부터 공략합니다. 초·중급자가 모르는 어휘·어구 검색 확인하며 반복 시청하기에 부담이 적은 분량이기 때문입니다. 이들은 방송국이 직접 하이라이트 등을 발췌하여 업로드한 것이기 때문에, 짧은 분량이더라도 대부분 맥락 또는 상황 파악이 가능합니다. 구글에서 채널 제목으로 검색하여 홈페이지, wikipedia 등에서 제공하는 등장인물들의 극 중 이름, 역할, 성격 등을 파악해 놓으면 내용을 이해하는 데 도움이 될 것입니다. 한편, 여기 성인 애니는 내용은 성인용인데 대사는 아이들 말처럼 대부분 짧아서 구어 영어 습득용으로 괜찮습니다.

여기서 '01. Friends(TBS)', '071. ABC 방송 미드 Clip', '08. NBC 방송 미드 Clip' 및 '10. 애니 방송 Clip'은 다양한 방송 프로 동영상들이 섞여 있는 방송사 채널에서 스크립트가 있는 해당 동영상을 찾아서 별도의 재생목록을 만들어 모아 놓은 것입니다. '05. Will & Grace' 와 '06. Superstore'는 방송이 종료되어 추가 업로드가 되지 않지만 생활영어 습득에 유용하여 구독 목록에 포함하였습니다. 한편, 여기 클립들로 연습하여 영어가 어느 정도 이상 들리는 수준이 되면, 넷플릭스, 왓챠 등에서 풀 버전을 감상할 수도 있을 것입니다.

01. Friends(TBS)

20대 중반의 남자 셋과 여자 셋 친구들이 함께하는 일상을 코믹하게 그려낸 시트콤이다. 주요 소재는 애정과 직업 문제. 그들 중 또는 외부 사람과 연애 또는 결혼하고 질투하는 이야기가 많다. 활동 무대는 주로 거주하는 아파트와 카페다. 종영된 지 오래됐으나 미국 TBS 방송 유튜브 채널 등에서 클립들을 수시로 업로드하고 있다.

02. One Chicago

조직범죄, 마약 밀매, 살인 등 강력 범죄를 전담하는 엘리트 첩보 부서 경찰들의 활동(PD); 최첨단 트라우마 센터의 일상화된 혼돈 상황을 협력하여 체계적으로 처리하는 의사, 간호사 및 스텝들의 활약상(MED); 위험을 무릅쓰고 시민들의 생명을 구조하고 보호하는 소방관, 구조대 및 응급 요원들의 삶과 활동(FIRE) 등을 그려낸 드라마들이다.

03. Brooklyn Nine-Nine

개성 강한 캐릭터의 서장, 형사, 사무원 등 9명이 경찰서 내에서 좌충우돌하는 이야기를 그린 코미디 시트콤이다. 범죄물이 아니고 사랑, 우정, 갈등, 경쟁, 인간관계, 일상 등을 코믹하게 다룬다. 인종, 성차별, 성적 지향, 입양, 총기 난사 사건 등 진지한 주제도 종종 다루는 등 교훈과 감동을 주는 내용도 포함되어 있다.

04. Law & Order

성범죄, 아동 학대, 가정 폭력 등을 전담하는 엘리트 수사팀(SVU)의 활동을 그린 첩보 액션 드라마다. 전문성과 공감 능력을 가지고 범죄 피해자와 가해자를 다루며 활기차고 감동적이다. 대도시의 강력한 조직폭력단을 하나씩 분쇄하는 엘리트 특별 수사대 이야기인 조직범죄(Organized Crime) 시리즈도 포함되어 있다.

05. Will & Grace

직업, 성격, 배경 등이 각기 다른 4명(게이 변호사, 인테리어 디자이너, 고정 직업 없는 게이, 디자이너 보조 부자 사모님)이 펼치는 연애, 결혼, 이혼, 섹스, 우정, 정치, 직업, 게이 문화 등을 다룬 코미디 시트콤이다. '06년 시즌 8로 종영, '17년 시즌 9로 새로운 모습으로 다시 시작, '20년 시즌 11을 끝으로 종영되었다.

06. Superstore

대형 슈퍼(Cloud 9)에 근무하는 다양한 성격, 성향, 경력, 지위 등을 가진 괴짜 직원들의 좌충우돌 직장생활을 담은 코미디 드라마다. 매장, 휴게실, 사무실 등에서 고객, 동료, 상하 직원 등의 사이에 벌어지는 우정, 사랑, 갈등, 대립, 감독, 평가, 회의, 논쟁, 훈련 등을 코믹하게 그려 내고 있다.

07. ABC 방송

Grey's Anatomy, The Good Doctor, Goldbergs, Station 19, Black-ish, Home Economics, Rookie, Conners 등 미드 또는 시트콤, 투자유치 리얼리티 쇼 Shark Tank, Celebrity Family Feud, Dating Game 등 퀴즈·데이트 게임쇼, American Music Award 등 연예 프로 등의 클립들이 있다.

071. ABC 방송 미드 Clip(Grey's Anatomy, The Goldbergs, Black-ish)

ABC방송의 주요 미드 클립들이다. 이 중 'The Goldbergs'는 80년대를 배경으로 한 괴짜 6식구 가족 드라마다. 쿨한 로맨티스트 할아버지, 귀차니즘 딸바보 아빠, 과도한 자식 사랑 집안 권력자 엄마, 날라리 반항아 누나, 4차원적 사고의 과한 리액션 큰아들, 영화감독이 꿈이며 가족 다큐 촬영 및 내레이션 담당 막내아들의 좌충우돌, 희로애락을 담고 있다.

08. NBC 방송 미드 Clip(The Office, Park and Recreation, 30 Rock, The Good Place)

NBC 방송에서 방영하는 미드 클립들이다. 이 중 'The Office'는 사무용품 회사 지점의 점장과 직원들 사이의 희로애락을 그린 시트콤이다. 권위적 꼰대 기질에 직원들을 장난으로 괴롭히기 좋아하는 점장 마이클, 짝사랑으로 시작해서, 연애, 결혼으로 발전하고 공모하여 드와이트를 수시로 놀리는 팸과 짐, 괴짜 기질이고 승진 욕망이 있는 드와이트 등이 주요 등장인물이다.

09. South Park Studios

초등학생인 네 친구(평범한 Stan, 고독한 Kyle, 반항아 Cartman, 파카 후드 Kenny)의 우정과 가족, 다른 학생 및 스텝 등 주변 사람들과의 모순적·비이성적·폭력적 좌충우돌 희로애락을 그려낸 성인용 애니메이션 시트콤이다. 일상적 또는 사회적 이슈를 저속·음흉하거나 비현실적으로 비속·금기어(무음 처리)를 사용하여 풍자한다. 홈페이지에 풀 영상들이 있다.

10. 애니 방송 Clip(Family Guy, American Dad 등)

Family Guy: 선하지만 어설픈 노동자 아빠, 친정이 부자인 섹시 주부 엄마, 과체중의 우둔한 아들, 무시·조롱 대상 딸, 악마적이고 교활한 아기 어른, 영리하고 냉소적인 말하는 개 등과 주변 인물들이 대중문화, 사회현상, 문화 아이콘 등을 개그로 풍자하는 성인용 애니메이션 시트콤이다. 풍자·폭력·비논리적 스토리 전개, 외설적이고 상스러운 유머 등이 난무한다.

American Dad: 괴짜 가족(보수 성향 CIA 요원 아빠, 침착성 부족 엄마, 리버럴한 딸, 바보스러운 아들)과 동거자(수시 변장 외계인, 도발적인 금붕어), 딸의 남친, 아빠의 상사 등의 좌충우돌을 담은 성인 애니메이션 시트콤이다. 가족 내 희로애락, 세상이슈 풍자 등을 비현실적, 해학적, 모순적으로 그린 블랙 코미디다.

32. 스케치/청소년 미드/애니

스케치는 풍자하는 내용이 다소 난해한 경우가 없지 않지만, 영어 습득 용도 차원에서 보면 코미디 미드와 별반 차이가 없습니다. 청소년용 미드와 애니 클립은 듣고 이해하기가 성인용에 비해 상대적으로 쉬운 편입니다. 다만, '04. Brat TV' 채널의 'Chicken Girls'는 초·중급자에게 검색이 필요한 숙어들이 적지 않게 등장합니다.

01. Studio C

BYUtv에서 방영하는 다양한 상황, 소재, 주제 등을 다루는 코미디 Sketch(토막극) 시리즈의 동영상 클립들이다. 재미있고 과장된 말투와 행동의 코믹 연기가 특징적이다. 전 가족이 함께 시청할 수 있는 클린 드라마로 분류된다. 홈페이지 (byutv.org/studioc)에 접속하면 전체 시리즈의 자막 제공 풀 영상들을 시청할 수 있다.

02. Smosh

문화, 생활양식, 인종, 마약, 술, 사랑, 연애 등 민감한 주제에 대하여 풍자, 비판, 유머, 장난, 조롱, 게임 등의 형식으로 다룬 코미디 Sketch 유튜브 채널이다. 인종, 성별 등이 다양한 등장인물들이 과장된 말투와 행동으로 연기하는 경우가 대부분이며 욕설(무음 처리) 등 과격한 언어 표현도 적지 않다.

03. Key & Peele, 031. Saturday Night Live	

미국의 대중문화, 사회적 취약성, 인종 고정관념 등 다양한 사회적 토픽에 대하여 풍자하고 패러디하는 Sketch 코미디 시리즈다. 정치, 뉴스, 대통령, 국제 관계, 군대, 나치, 범죄, 영화, 스포츠 등 모든 분야가 대상이다. 오바마 전 대통령의 분노 통역사 (Anger Translator) 연기는 실제 출입 기자단 만찬 행사에 초대받아 실연했을 정도로 유명하다.
Saturday Night Live는 정치, 문화 등 패러디 Sketch, 뉴스 풍자 등을 방영하는 버라이어티 방송 채널이다(단, 대문자 스크립트는 싱크가 많이 어긋남).

04. Brat TV

청소년 대상 미드, 영화 등을 자체 제작하여 유튜브로 풀 영상을 제공하는 채널이다. 대표 작품은 Chicken Girls로 청소년들의 우정, 사랑, 연애, 경쟁, 갈등, 성장 등의 과정을 담은 드라마다. 학교가 주 무대이고 연극, 댄스, 바자회 등 과외 활동 내용이 많다. brat.com/shows으로 접속하면 드라마 및 시즌별 연속 시청이 가능하다.

05. Henry Dangers Official

청소년용 악당 격파 슈퍼히어로 액션 시트콤이다. 슈퍼 전사 Captain man, 그의 파트타임 조수이며 학생인 Henry, 그의 조수 활동을 유일하게 알고 있는 총명한 Charlotte, 영특한 말괄량이 여동생 Piper 등을 중심으로 펼쳐지는 흥미진진한 코믹 드라마다. 가족과 친구들에게 영웅 활동을 비밀로 하여 일상생활을 정상적으로 영위하지 못하는 Henry의 좌충우돌 내용이 많다.

06. NickRewind

Nickelodeon 방송에서 과거에 방영한 시트콤(iCarly, Victorious 등) 등을 다양한 형식과 내용으로 편집하여 보여 준다. 연애, 우정, 역할 등의 변화 과정, 주요 등장인물들의 특정 행태나 상황 모음, 회상, 리액션 등의 영상들이다. 시트콤의 요약, 하이라이트, 속편(iCarly) 등도 있다. 내레이션이 포함된 경우도 많다.

07. Nickelodeon

That Girl Lay Lay, Side Hustle, Tyler Perry's Young Dylan, Henry Danger, Danger Force, The Thundermans 등 코미디 또는 시트콤, 게임쇼 Hot Mess 등의 하이라이트 등 클립, 특정 상황 모음, 캐릭터의 연도별 변화 모음, 소개, 관련 뉴스, 무대 뒤 이야기 등이 업로드되고 있다. 시기별로 당시 방영하던 코미디, 시트콤, 애니 등에 대한 위와 같은 동영상들이 있다.

08. The Loud House & The Casagrandes

유일한 아들 Lincoln이 횡포한 큰누나, 아직 아기인 막냇동생 등 10명의 누이 등과 함께 하는 일상생활을 중심으로 다루는 청소년 애니메이션(The Loud House)이다. 여기서 파생된 애니메이션 코미디 프로 The Casagrandes 동영상들도 포함되어 있다. 여기서는 조부모, 엄마, 형제, 4촌 등 가족과 이웃들 간의 생활상을 코믹하게 그린다.

09. Avatar: The Last Airbender

꼬마 영웅 아바타 Aang이 물, 땅, 공기, 불 등 4가지 요소를 다루는 능력(Bending)을 마스터하고 불의 제국과 싸워 세계를 바로잡아 가는 여정을 담은 동양풍의 판타스틱 코믹 어드벤처 애니메이션이다. Aang과 친구 Katara, Sokka, Toph, 불의 나라에서 망명한 Zuko 등이 물, 땅, 공기, 불을 상징하는 4개 나라를 무대로 성장하며 액션을 펼치고 메시지를 남긴다.

10. Talking Tom & Friends

각기 다른 개성과 능력을 갖춘 톰과 친구들이 특수 장비, 기발한 아이디어, 유머 감각의 발명품이나 앱 등의 개발이나 슈퍼스타 등의 꿈을 실현하기 위하여 좌충우돌하는 청소년 애니메이션 웹 방송이다. 발명품 개발 시도, 사업 아이템 구상, 꿈의 실현을 위한 모험, 우정, 사랑 등을 흥미진진하게 그려 낸다.

11. SpongeBob SquarePants Official

해면동물 스폰지밥과 친구들의 기상천외하고 유쾌하고 즉흥적이고 판에 박히지 않은 일상생활을 담은 코미디 애니메이션 방송이다. 정열적이고 낙관적인 주인공의 활동이 선한 의도와 달리 지나친 열정 등으로 혼란을 야기하기 일쑤다. 해저 도시 비키니에 있는 주인공의 파인애플 집, 경쟁 관계인 두 식당, 보트 학원 등이 주요 활동 무대이다.

33. 토크쇼/TV 프로

토크쇼에서는 게스트와 인터뷰 등 대화하는 동영상 중심으로 시청하며 구어 영어를 습득합니다. 시사 코믹 풍자 위주의 모놀로그 동영상은 정치 등 시사 이슈에 관심이 많은 학습자에게 괜찮은 인풋 들을 거리가 될 것입니다. 여성 진행자 토크쇼는 살림살이, 육아, 라이프 스타일 등에 대해서도 많이 다룹니다. 요즘에는 팬데믹 때문에 비대면 토크 등 다양한 형식의 방송이 시도되고 있습니다. '09. OWN 방송'과 '10. Paramount Network'는 다양한 방송 프로그램들이 업로드되는 방송국 채널입니다. '11. The Voice'는 음악 경연 프로그램으로 노래와 심사평으로 구성되어 있고, '12. Paternity Court'는 가사 관련 법정 심리와 평결 방송입니다. 이 중에서는 관심이 있는 분야의 채널이나 동영상을 선별하여 즐기며 시청합니다.

01. The Tonight Show Starring Jimmy Fallon
시사 문제에 대하여 소개하고 코믹하게 풍자하는 모놀로그, 유명 연예인, 명사 등을 초대하여 진행하는 인터뷰 및 각종 게임, 지미가 제시한 토픽에 대한 시청자들의 응답 내용 소개(Hashtags) 등으로 구성되어 있다. 이밖에 코미디 토막극, 뮤직 패러디, 스탠드업 코미디, 방청객 참여 코너 등도 있다.
02. The Daily Show with Trevor Noah
정치, 대중문화, 스포츠 등과 관련하여 주요 뉴스, 정치인, 명사, 미디어 등을 코믹하고 풍자적으로 비평한다. 미국문화, 국제 관계 등을 포함한 다양한 분야에 대하여 정치인, 정책전문가, 각계 전문가, 작가, 배우, 뮤지션, 운동선수 등 뉴스메이커나 명사들과 적나라하게 인터뷰한다. 전반적으로 진보적이라고 평가된다.
03. Team Coco
토크쇼와 팟캐스트 클립 채널이다. 토크쇼는 주요 뉴스, 정치인 등 각계 명사와 인터뷰, 모놀로그, 조크, 토막극 등으로 구성되어 있는데 코믹하고 풍자적이다. 방영시간 축소, 팬데믹 영향 등으로 최근 구성의 변경이 있었다. 팟캐스트는 코미디언, 배우, 명사, 지인 등과 일상사적인 주제에 대하여 수다를 떠는 내용이다.

04. Late Night with Seth Meyers

방송프로 작가 및 앵커 경험이 있는 진행자가 할리우드 스타, 문화 예술계 인사, 저널리스트 등과 작품, 근황 등에 대하여 인터뷰한다. A Closer Look 등에서 복잡한 정치 뉴스나 이슈에 대하여 관련 방송 클립, 화면 등을 보여 주며 위트 있고 유쾌하게 설명하고 풍자한다. 최근 정치풍자 비중이 많아졌다.

05. TheEllenShow

연예인, 각계 명사, 뉴스 메이커, 색다른 재능이나 경험 보유 일반인 등과 인터뷰가 주요 내용인 버라이어티 코미디 토크쇼다. 일상사, 대중문화, 뉴스 등에 대하여 코믹하게 풀어 가는 모놀로그, 초청 인사나 방청객이 참여하는 다양한 게임, 바이럴 인터넷 동영상에 대한 코멘트 등의 세그먼트도 포함되어 있다.

06. The Wendy Williams Show

연예인 등 명사의 작품, 근황 등에 관한 인터뷰; 유명인 관련 뉴스나 가십에 대한 설명, 평가 및 충고(Hot Topics); 방청객의 고민을 듣고 해결방안 조언(Ask Wendy) 등으로 구성된 오락 기반의 토크쇼다. 대중문화, 연예 등에 대하여 독특하고 코믹하게 평가하고 방청객과 일체가 되어 신명 나게 진행한다.

07. The Drew Barrymore Show

배우 등 경력의 생기 넘치고 낙천적이며 수다스러운 진행자가 펼치는 버라이어티 토크쇼다. 대중문화, 라이프 스타일, 음식, DIY 등 다양한 관심사에 대하여 유명 배우, 사업가, 문화 예술계 우상, 지인, 보통 사람 등과 또는 모놀로그로 수다를 떤다. 풍부한 감정 표현, 열정과 유머, 배우는 자세, 모성 충만 등이 특징적이다.

08. The Kelly Clarkson Show

가수 Kelly Clarkson이 진행하는 각계 명사나 주목받는 보통 시민 인터뷰, 게임, 음악 공연 등 다양한 콘텐츠의 버라이어티 토크쇼다. 문화 예술인의 작품과 근황, 살림, 육아, 관계 등에 대한 통찰, 마음이 따뜻해지는 선행, 놀라운 성공 사례 등에 대한 이야기를 정열적으로 유머와 위트를 곁들여 소개한다.

09. OWN 방송

오프라 윈프리 방송이다. Fixed My Life, Love & Marriage: Huntsville, Family or Fiancé 등 각종 리얼리티 쇼, Ready to Love, Put a Ring on It 등 데이트·연애 프로, Queen Sugar, David Makes Man 등 드라마 등의 클립들이 있다. 영화, 토크쇼 등의 full 에피소드도 종종 올라온다.

10. Paramount Network
목장 생활, 개발업자·원주민과 갈등 등을 담은 드라마 Yellowstone의 요약, 하이라이트, 비하인드 스토리; 요식업 컨설팅 권위자가 존폐 위기의 클럽, 바 등의 영업에 대하여 전문가적 조언을 하고 보수, 설비 등을 지원하는 리얼리티 TV 시리즈 Bar Rescue의 클럽 등을 위주로 최근 업로드되고 있다. 리얼리티 프로 Wife Swap, 코미디 드라마 68 Whiskey 등의 클립도 있다.
11. The Voice
유명 가수 등 4명의 패널이 등지고 앉아 노래를 듣고 선발(Blind Auditions), 패널 각각 자신이 선정(복수 패널이 선정한 경우 참가자가 결정)한 참가자를 지도하여 팀 내 2명씩 경연 및 1명 선정(Battle Rounds), 연이어 노래 및 1명 선정(Knockouts), 라이브 공연 및 시청자 투표로 최종 승자 결정(Live Performance) 포상 및 레코드 계약 기회 부여 등으로 진행되는 오디션 프로그램이다.
12. Paternity Court
예리하고 지혜로운 Lauren Lake 판사가 법정에서 친자 확인, 양육 문제 등의 분쟁에 대하여 중재, DNA 검사 등을 통하여 판결이나 조정 등을 하는 법정 TV 프로그램이다. 소송 당사자인 원고와 피고 사이의 적나라한 주장과 격론; 판사의 질문, 조정, 판정; 방청객의 반응 등을 가감 없이 중계한다. 생부 확인과 그에 따른 양육 책임 분쟁이 대부분이다.

34. 일상생활 영어

여기서는 말 그대로 리얼, 내추럴 구어 영어를 접할 수 있습니다. 미드는 대본이 있고 토크쇼는 사전에 질문 내용을 알려 줘서 미리 준비토록 할 것입니다만, 아이들이 많이 등장하는 여기 가족 Vlog 등에서는 대부분 즉흥적이어서 실생활 대화 표현들이 많이 등장합니다. 그래서 특히 우리가 머리로는 알면서도 말로는 잘 표현하지 못하는 평이하고 짧은 대사들을 인풋, 습득하기에 더없이 좋습니다. 유아가 있는 가족 채널에서는 인풋 가설에 따라 아기들이 언어를 습득해 가는 전형적인 과정도 목도할 것입니다. 동영상 길이가 긴 편이지만 평이한 일상 구어 영어이고 스크립트와 소리 싱크가 대부분 어긋나지 않아서, 블록별로 재생이 멈추도록 설정(Q 자판 클릭)하여 연습하면 부담감이 거의 없을 것입니다.

01. Ballinger Family
부부(Chris, Jessica)와 5자녀 Bailey(13세), Jacob(11세), ParKer(7세) 및 Duncan(1세) 가족의 Vlog 채널이다. 가사, 일상생활, 가족 행사, 출산 및 육아, 교육(Home schooling), 여행, 놀이, 게임, 요리, 치장, 친교, 장난감·책 리뷰 등 다양한 가족 활동 동영상들로 채워져 있다.

02. J House Vlogs
부부(Jeremy, Kendra)와 5자녀 Issac(12세), Elise(10세), Caleb(8세), Laura(6세), Janae(3세) 가족의 Vlog 채널로 가족의 다양한 활동 동영상들이 업로드된다. Ballinger Family 채널 동영상이 상황을 내레이션 하는 부분이 상대적으로 많은 반면, 이 채널 동영상에는 대화하는 부분이 많다.

03. Tic Tac Toy Family
부부(Jason, Lucy)와 세 자녀 Addy(10세), Maya(8세), Colin(4세) 가족의 Vlog 채널이다. Lucy가 교사 출신이고 장난감 언박싱으로 시작하여 유명해진 Tic Tac Toy 채널에서 파생된 채널이라 교육과 장난감 관련 내용이 많다.

04. Shot of The Yeagers
부부(Steve, Jamie)와 6자녀 Stephen(14), Taylor(12), Payton(10), Jordyn(9), Parker(5), Blake(2)의 가족 Vlog 유튜브 채널이다. 가족 구성원 사이의 재미있는 다양한 활동, 도전, 장난, 게임, 토막극 등을 촬영한 동영상들이 대부분이다.

05. Holderness Family Vlogs
방송 리포터 경험이 있는 부부(Penn and Kim Holderness)와 딸 Lola(14), 아들 Penn Charles(11)의 가족 Vlog 채널이다. 패러디, 촌극, DIY, Vlog 등이 주로 업로드된다. 표현, 행동 또는 연기를 과장되게 하는 편이며, 다른 가족 채널과 달리 부부만 출연하는 경우가 대부분이다.

06. SIS vs BRO
남매인 Karina(14세)와 Ronald(12세)의 천방지축 왁자지껄 활동들을 담은 채널이다. 아빠 Freddy와 아기 Aria가 가끔 카메오로 출연하기도 한다. 일상생활, 요리, DIY 등 도전, 게임, 장난, 놀이, 재미있는 토막극 등의 동영상들로 채워져 있다.
07. Brooklyn and Bailey
20대 쌍둥이 자매 Brooklyn과 Bailey의 활력 넘치는 수다 채널이다. 라이프 스타일, 메이크업, 헤어스타일, 의상, 연애, 여행, DIY, 학생 생활 등 청소년의 관심사인 활동과 토크 동영상들이 대부분이다. 최근 Bailey가 결혼을 준비하는 내용이 업로드 되고 있다.
08. HiHo Kids
아이들이 특이한 직업이나 경험 보유자들을 만나서 또는 새롭거나 특이한 일을 경험하고 시도하며, 각본 없이 때로는 진지하고 솔직하게 반응하거나 의견을 표출하는 영상들이다. 재미있거나 장난끼 있거나 난감한 토픽들에 대한 질문에 답변하는 각양각색의 태도나 내용들이 흥미롭고 시사하는 바가 많다.

35. 뉴스/보도

뉴스는 발음은 상대적으로 명료하게 하지만 말이 빠르고 전문적인 어휘가 많이 등장하기 때문에 듣고 이해하기가 어려운 경우가 많을 것입니다. 사전 지식이 있거나 평소 관심이 있던 내용의 동영상을 중심으로 시청하면 알아듣기도 상대적으로 수월하고 기억에도 오래 남을 것입니다. '06. Vox'는 다양한 분야를 다루는 다큐성 보도로 뉴스에 비해 속도가 완만하고, '07. Live Rescue(A & E)'는 사건 사고 현장 동행 Live 취재 보도로 다이내믹합니다. 한편, FOX News, CBS News 등도 채널 자체 작성 스크립트가 제공되지만 아쉽게도 음성과 스크립트 싱크가 4~5줄 정도 어긋나서 제외하였습니다.

01. PBS NewsHour, 02. Washington Week PBS

미국 공영 TV 방송국의 저녁 뉴스 프로다. 국내외 주요 뉴스에 대한 요약 보도에 이어, 전문가, 뉴스 메이커, 특파원 등의 인터뷰, 토론, 심층 분석, 현장 취재 등이 포함된 사안별 심층 보도를 한다. 월·금요일에는 양당을 대변하는 전문가가 참여하는 정치이슈 분석 및 토론 프로그램도 있다. Washington Week는 같은 방송국의 뉴스 토론 프로다.

03. CNBC, 04. CNBC International, 05. Wall Street Journal

금융, 비즈니스 등 경제 전문 CNBC 방송과 Wall Street Journal의 유튜브 채널이다. 국가, 지역, 산업, 기업 등 차원의 경제 발전·성장 과정, 현황, 전망, 도전, 부침 등에 대하여 CEO나 경영 리더 인터뷰, 투자 전문가 논평, 현장 취재 등을 곁들여 다큐 형식으로 보도한다. 최근에는 IT, 자동차, 바이오, 금융, 에너지, 유통, 환경 등에 대한 보도가 많다. CNBC International 채널은 미국 이외 국가, 글로벌 마켓 등의 금융과 비즈니스를 다룬다.

06. Vox

정치, 공공정책, 비즈니스, 대중문화, 예술, 생활양식, 과학 기술 등 모든 분야의 헤드라인 뉴스, 정보 등에 대하여 상세히 설명 또는 해설하는 다큐 형식의 보도 채널이다. 논란의 여지가 있는 시사 문제, 진위여부 확인이 필요한 뉴스나 정보, 중요 사건의 전개 과정 등이 주요 대상인데, 중도 좌파 또는 진보 성향이라고 평가된다.

07. Live Rescue(A & E)

소방관, 구급요원, 응급 구조대 등이 시민의 생명을 구하기 위하여 위험을 무릅쓰고 각종 응급 상황에 대처하는 활동을 동반 취재, 촬영한다. 교통사고, 화재, 자연재해, 응급환자 발생, 해난사고, 폭력·범죄 사고, 약물·알코올 중독, 동물 사고 등을 처리하기 위한 출동, 구조, 응급처치, 수습, 후송 등의 활동을 라이브로 취재한다.

36. 해설/다큐/연설/강의

해설, 다큐, 연설, 강의 등은 일반적으로 발음이 명료하고 말하는 속도도 빠르지 않기 때문에, 뉴스, 미드, 토크쇼 등보다 듣고 이해하기가 상대적으로 수월할 것입니다. 이들에 대하여도 평소 관심이 있거나 사전 지식이 있는 동영상들을 선별하여 시청하면 더 잘 들리고 기억에도 오래 남을 것입니다.

01. TED
각계 사상가, 행동가, 지식인, 전문가 등이 공유 또는 확산할 가치가 있는 사상, 지식, 사고방식, 인식, 경험, 행동 양식 등에 대하여 강연한다. 초기에는 실리콘밸리에서 시작하여 테크놀로지와 디자인에 관한 강연 위주였으나 이후 과학, 문화 예술, 비즈니스, 국제 이슈, 공동체 생활, 자기계발, 도전, 혁신 등 모든 분야에 대한 강연으로 발전하여 왔다.

02. Big Think
각계 사상가, 행동가 등이 지식, 기술, 아이디어 등에 대하여 교육, 공유, 전달하는 채널이다. 제반 과학 기술, 정치, 경제, 비즈니스, 사회 문화 등을 비롯한 광범위한 분야 전문가들의 인터뷰, 프레젠테이션, 원탁 대담 등의 동영상들로 채워져 있다.

03. SciShow
일반적인 예상 또는 기대와 다르거나 지적 호기심을 자극하는 자연 과학(화학, 물리학, 생물·동물학, 곤충학, 식물학, 기상·천문학, 의학, 심리학, 인류학 등)과 컴퓨터 과학 분야를 다룬다. 누구나 손쉽게 이해하고 즐길 수 있도록 관련 영상이나 화면도 곁들여 가며 명쾌하게 설명한다.

04. The Infographics Show
다양한 분야의 교육적 토픽에 대하여 지루하지 않고 흥미롭도록 애니메이션 등 시각화 기술을 적용하여 교육하는 동영상들이다. 다루는 분야는 시사 문제, 군사, 범죄, 생명, 역사, 인물 등 대부분의 영역을 포함한다. 불가사의한 자연 및 과학 현상들도 주요 강의 대상이다.

05. CrashCourse
고교 고급 교육과정에서 다루는 토픽을 망라한 교육 목적 동영상들이다. 대상 주제는 인공지능, 컴퓨터공학, 정보학, 지적재산, 엔지니어링, 경제학, 통계학, 사회학, 심리학, 철학, 신학, 문학, 영화, 게임, 정부, 역사, 물리학, 생물학, 천문학, 해부학, 생태학 등을 망라한다. thecrashcourse.com에 접속하면 토픽별 시청이 가능하다.

06. Animal Planet, 07. Nat Geo WILD	
각각 Discovery와 National Geographic의 자매 채널이며 야생 동물과 반려동물에 대한 다큐 등을 방영한다. 야생 동물 탐사, 희귀 또는 멸종위기 동물 보호활동, 유기동물 구조와 치료, 수의사 활동, 동물원과 수족관 탐방 등 다양한 동물 관련 영상들이 있다.	
20. English Speeches, 201. Law of Attraction Coaching	
영어 듣기와 읽기를 연습하고 인생 철학, 지식 등도 배울 수 있도록 각계 명사의 연설 동영상을 수집해 놓은 채널이다. 대통령과 정치인, 기업가, 배우, 가수, 운동선수, 작가, 방송인, 코미디언, 영화감독, 사회 운동가 등의 연설, 강연, 수상 소감, 인터뷰 등으로 정치, 인권, 동기부여 등 다양한 내용을 담고 있다. 동기부여 연설 Law of Attraction Coaching 채널은 ⅓(3분 전후) 정도만 채널 작성 스크립트를 제공한다.	
30. Khan Academy	
초·중등 수준별 수학, 생물, 물리, 화학, 과학기술, 컴퓨터, 경제, 금융, 역사, 문화 인류 등 다양한 분야에 대한 강의들이 담겨 있다. 대입수능시험(SAT) 대비 교과 및 내용을 포괄한다. 교사와 학부모용 교육자료 소개, 교육 전문가의 토론, 인터뷰 등에 대한 동영상도 포함되어 있다.	
31. MIT OpenCourseWare	
매사추세츠 공대(MIT)의 모든 교육과정의 강의 동영상이 업로드되어 있다. 유튜브 정보에 링크되어 있는 홈페이지에 들어가면 과목별 전체 동영상이 순서대로 정리되어 있고, 강의 요강, 교육 자료, 참고교재 목록, 과제와 정답, 일부는 주 교재 파일 등까지 제공되고 있다. 모두 등록 과정도 거치지 않고 무료로 수강할 수 있다.	

5. 기타: 우리 이야기 및 어린이 애니

41. 우리 이야기

우리나라에 장기 거주하는 외국인과 외국에 거주하는 우리 교포들이 크리에이터인 채널들로 내용이 대부분 우리나라와 관련된 것들입니다.

그래서 듣고 이해하기가 상대적으로 수월할 것입니다. 그리고 다루는 내용과 그의 영어 표현을 익혀 두면 외국인과 대화할 때 써먹을 수 있을 것입니다. 01~04 채널은 화면으로만 한영 자막이 제공되기 때문에 Language Reactor를 활용할 수 없으므로 화살표 자판을 이용한 5초 되감기로 반복 시청합니다. 05~07 채널은 영어 스크립트가 제공되므로 3단계에서처럼 Language Reactor 활용이 가능합니다.

01. Lily Petals 릴리가족
한국인 아내, 미국인 남편, 두 딸 등 네 가족의 미국 생활 Vlog다. 가족 및 일상생활, 자녀의 학교와 과외 활동, 여행, 지인·구독자 인터뷰 등을 담은 동영상들이다. 다문화 정체성, 이중 언어, 혼혈, 문화 차이 등에 대한 내용이 많이 포함되어 있다.
02. 션 파블로 Sean Pablo
한국 생활 7년여 차의 영어 강사 및 유튜버인 미국인이 한국과 서양의 문화, 생활 행태 등의 차이나 장단점을 인터뷰, 실험 등을 통하여 소개한다. 외국인의 한국 생활 경험, 자기소개나 본국 생활 소개도 포함되어 있다. 영어 말하기와 듣기 습득에 도움이 되도록 주요 표현에 대한 섀도잉 연습 영상이 추가되어 있다.
03. 하이채드 Hi Chad
한국의 영화, 음식, 연예, 역사, 스포츠 등 다양한 문화와 생활양식에 대하여 부모, 동생, 자녀 등 가족, 친구, 유명인 등과 리뷰, 인터뷰, 리액션하는 동영상들이다. 우리나라의 민주화, 한일 관계 등에 대하여 심도 있는 이해를 바탕으로 한 인터뷰 등의 동영상들도 포함되어 있다.
04. 에밀튜브 - EmilTUBE
한국 생활 7년여 차의 영어 강사 출신 영국인이 한국과 영국의 음식, 문화 등을 소개하는 채널이다. 친구, 가족 등과 함께한 각종 음식의 먹방, 한국과 영국 여행, 일상, 요리, 인터뷰, 리액션 등의 동영상을 제공한다. 예전에는 영어학습 관련 동영상을 올리기도 했다.

05. cari cakes
캘리포니아 출신의 서울 거주 7년 차 20대 후반 여행광 여성의 Vlog 채널이다. 가사, 쇼핑, 메이크업, 독서 등 일상생활과 서울 및 전국 각지 여행 동영상이 대부분이다. 이따금 남자친구(현재는 남편)와 담소, 일본이나 미국 여행 등에 대한 영상도 올린다. 차분한 목소리로 설명하고 묘사하는 영상들이다.
06. JOLLY
영국남자 유튜브 채널의 서브 채널로 영국인 Josh와 Ollie가 주로 영국과 세계 각지의 음식, 과자, 명소 등을 소개한다. 영국남자는 우리나라 현장을 누비며 먹방 등을 촬영하는 반면, JOLLY는 스튜디오에서 토크쇼 형식으로 진행한다. 본서에서 소개하는 채널 중 이 채널과 TED 채널만 Language Reactor 기능 활용도 가능한 채널 자체 번역 한국어 자막을 제공한다.
07. 우리 이야기 동영상
우리나라 또는 우리 국민과 관련된 뉴스, 해설 등과 외국인의 한국 생활, 여행 등 Vlog 동영상 모음이다.

42. 어린이 애니

어린이 애니는 초등학교 저학년 이하 어린이들의 영어 소리 노출 또는 인풋용으로 모아 놓은 것입니다. 모두 아이들에게 호감 가거나 낯익은 캐릭터의 채널들로 동영상 분량도 길고 대부분 실시간 방송도 제공합니다. 어떻게든 아이들이 관심을 가지고 자발적으로 즐겨 시청하도록 하고 그래서 많이 시청하다 보면, 자연스럽게 영어를 습득, 즉 알아듣고 구사할 수 있게 될 것입니다. 성인의 경우 대부분 알아들을 수 있기 때문에 부담 없이 시청하다 보면 영어 인풋을 늘리는 효과가 있을 것입니다. 모르는 어휘·어구가 있거나 알아들을 수 없는 부분이 있으면, 자동생성 자막을 켜고 Language Reactor를 활용하면 됩니다. 자동생성 자막이지만 대부분 쉬워서 이 정도의 참고용으로 활용하는 데는 무리가 없을 것입니다.

01. Tayo the Little Bus

우리나라 제작 애니메이션 TV 시리즈로 4대의 시내버스와 택시 등 교통수단들이 노선 운행 등을 열심히 배우며 일하고 다양한 사회활동을 하는 이야기들이다. 도시를 달리며 승객 등 사람들을 도와주는 이야기 등의 동영상도 있다. 한국어 자막만 있거나 대사 없이 장난감 놀이뿐인 동영상도 있으므로 선별하여 시청한다.

02. Robocar POLI TV

우리나라 제작 애니메이션 TV 시리즈로 경찰차, 소방차, 앰뷸런스, 헬기 등으로 편성된 변신 로보카 구조대의 활약상 이야기다. 로봇으로 변신하여 이런저런 사고로 위험하거나 곤란한 상황에 처한 친구들을 구조한다. 구조된 친구와 시청자 어린이에게 안전사고 등의 예방이나 대처 방법을 설명하는 부분도 포함되어 있다.

03. Caillou – WildBrain

어린이 교육 목적 애니메이션 TV 시리즈다. 상상력 풍부한 4세 소년 Caillou가 여동생 Rosie, 부모, 친구 및 이웃 등과 겪는 새롭거나 흥미로운 일상생활 이야기다. 좋은 친구·가족 되기, 운동 배우기, 반려동물 보기, 등교 첫날, 밤에 대한 두려움 극복, 우발사고 대처, 인내심 등 다양한 이슈를 흥미로우면서도 교훈적으로 다룬다.

04. Peppa Pig – Official Channel

영국의 애니메이션 TV 시리즈다. 돼지 Peppa를 중심으로 부모, 남동생 George, 조부모, 사촌, 다양한 다른 동물 친구들 사이에 벌어지는 평범한 일상생활 이야기다. 놀이학교 참여, 수영, 자전거 타기, 놀이터 게임, 조부모나 친구들과 어울리기 등 다양한 활동이 펼쳐진다. 놀이나 활동들은 항상 코웃음과 함께 해피엔딩이다.

05. Thomas & Friends

의인화 기관차 애니메이션 TV 시리즈다. 기관차 토마스와 직장 동료 또는 친구들 사이에 벌어지는 일 이야기다. 토마스는 더 크고 능력 있는 기관차가 해야 할 일을 자청하여 곤경에 처하기 일쑤다. 그럼에도 진정 유용한 기관차가 되길 포기하지 않는다. 원래 3D였다가 최근 2D 애니메이션으로 바뀌었다.

06. George of the Jungle

애니메이션 액션 및 모험 TV 시리즈다. 정글 나무 사이를 포도 넝쿨을 타고 날아다니는 영웅 George의 모험과 친구 Ape(고릴라), Ursula, Magnolia 등과 좌충우돌하는 이야기다. 어설프지만 사랑스러운 조지와 친구들 사이의 자잘한 사고, 아수라장 소동, 짓궂은 장난, 이런저런 궁지 및 극복 등에 대한 이야기가 대부분이다.

07. My Little Pony Official

어린이 애니메이션 판타지 TV 시리즈다. 내성적이고 독서광인 유니콘 포니 Twilight Sparkle과 조수 겸 친구 드래곤이 다섯 명의 포니들과 친구가 되고, 우정을 배우고 갈등을 풀어 가고, 이웃을 돕고, 모험을 하는 이야기들이다. 이야기들을 뮤지컬 형식으로 구현하는 동영상들도 있다. 3D 애니메이션 영화 클립들도 있는데 길이가 짧다.

08. PJ Masks Official

슈퍼히어로 애니메이션 TV 시리즈다. 낮에는 평범하지만 밤에는 슈퍼 영웅으로 변신하여 악당을 물리치고 도시를 지키는 파자마 삼총사 이야기다. 문제가 발생하면 밤에 변신한 삼총사에 의해 악당이 밝혀지고 아이디어를 공유하고 강점과 약점을 파악한 후 합심하여 문제를 해결한다. 덕분에 다음 날 도시는 정상화된다.

09. Ben and Holly's Little Kingdom – Official Channel

영국의 판타지 애니메이션 TV 시리즈다. 가시나무 숲에 숨겨져 있는 작은 왕국에 마법을 부리고 날 수 있는 fairy 요정과 장난감 등 만들기를 잘하는 Elf 요정들이 동물과 곤충, 꽃과 식물들과 어우러져 사는 이야기다. 아직도 날기가 서툴고 마법이 의도대로 작동되지 않기 일쑤인 Fairy 공주 Holly와 절친 Elf Ben을 중심으로 재미있고 흥미진진한 모험적인 다양한 놀이가 펼쳐진다.

10. Cocomelon – Nursery Rhymes♪,
11. Little Baby Bum–Nursery Rhymes & Kids Songs

어린이 교육 및 놀이 목적의 전래 및 창작동요 채널들이다. 가사가 단순하고 반복적이며, 리듬이 경쾌하고 널리 알려진 것이 대부분이고, 영상도 가사를 반영한 3D 영상이다. 그래서 아이들이 즐겨 시청하고 따라 부르기도 하며 동요의 내용인 글자, 숫자, 색깔, 동물 소리, 어구, 표현, 다양한 놀이, 일상생활 등을 배울 수 있다. Cocomelon 채널은 화면 자막을 제공한다.

III. 유튜브 영어 학습지원 기능 세팅

1. 팔로우 정보 파일의 피드리더 업로드

앞장에서 소개한 유튜브 채널들을 Feedly라는 피드리더에 팔로우 등록하면, 컴퓨터는 물론 스마트폰으로도 모든 폴더 및 채널을 한 화면에서 볼 수 있습니다. 아울러 여기에서 채널명이나 동영상 제목을 클릭 또는 터치하여 유튜브의 해당 채널·동영상으로 이동할 수 있습니다.

구글 크롬 브라우저에서 Feedly 홈페이지에 접속하여 계정을 만들고 팔로우 정보 공유 OPML 파일을 아래와 같이 Import합니다. 스마트폰에서 Feedly 앱을 다운로드받아 동일한 이메일 주소와 비밀번호로 접속합니다.

〈매뉴얼 1〉 컴퓨터에서 OPML 파일 Feedly 업로드 방법

1. 컴퓨터나 노트북 Google 홈페이지에서 Google 계정을 개설(로그인) → '계정 만들기')하고 'Chrome 웹브라우저'를 검색, 접속하여 Chrome을 다운로드한다.
2. 컴퓨터 바탕화면에 생성된 'Chrome'(   )을 클릭하여 브라우저를 열고 'feedly'를 검색, 홈페이지에 접속하여 feedly 계정을 만든다.

('Get started for free' → Sign up with google' → 구글 계정의 이메일 주소 및 비밀번호 입력 → 'Follow blogs and websites in one place' → 좌측 중앙의 'Import OPML' → 'Choose OPML file' → 'New 공짜로 영어 귀뚫기' 다음카페에서 OPML 파일을 다운로드받아 Import)

3. 그러면 아래와 같이 팔로우하는 채널들이 폴더별로 배치된 feedly 계정이 생성된다. 아래는 '31. 미드/애니 클립' 폴더를 열어서 '01. Friends' 채널을 선택한 화면이다. 우측에 있는 채널명 또는 동영상 목록 중 제목을 클릭하면 유튜브의 해당 채널 또는 동영상으로 이동한다. 동영상 제목 한 번 클릭으로 유튜브로 이동되도록 하려면, 채널명 우측 끝의 점 세 개 부분(…)을 클릭하여 'Open in website directly'를 체크한다.

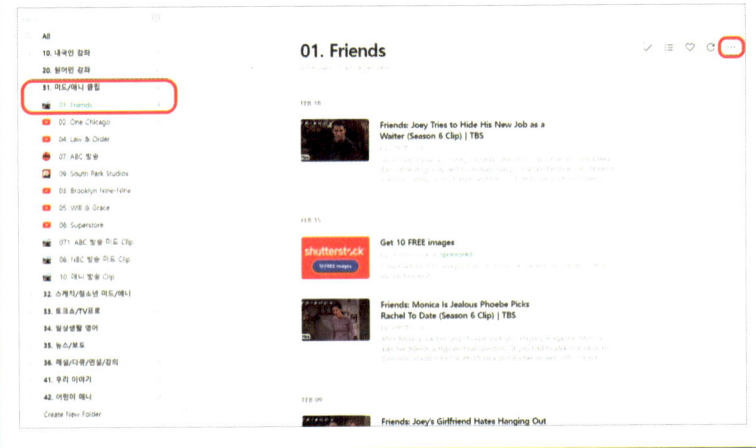

⟨매뉴얼 2⟩ 스마트폰에서 Feedly 앱 설치 방법

1. 스마트폰 앱 스토어에서 'Feedly'를 검색하여 'Feedly - Smart News Reader'를 다운로드한다.

2. 컴퓨터에서 Feedly 계정 생성할 때와 동일한 이메일 주소와 비밀번호를 입력하여 Feedly 계정에 접속한다.

3. Feedly 화면 좌측 하단 가로막대 세 개 부분(☰)을 터치하면 컴퓨터와 동일한 Feedly 폴더 및 채널 화면(우측 상단 그림)이 나타난다.

   - 우측 하단 그림은 '31. 미드/애니 클립' 폴더의 '01. Friends' 채널을 터치하여 나타난 화면이다. 여기서 동영상 중 하나를 터치하면 유튜브의 해당 동영상으로 이동한다.

   - 이때 유튜브 앱으로 바로 이동되지 않으면 Feedly 좌측 하단의 'Settings' → 'Preferred Browser'에서 'Default iSO Browser (iPhone 11일 경우이며, 기종별로 체크 항목 리스트가 다르므로 유튜브 앱으로 이동시키는 항목을 확인하여 체크)를 체크한다.

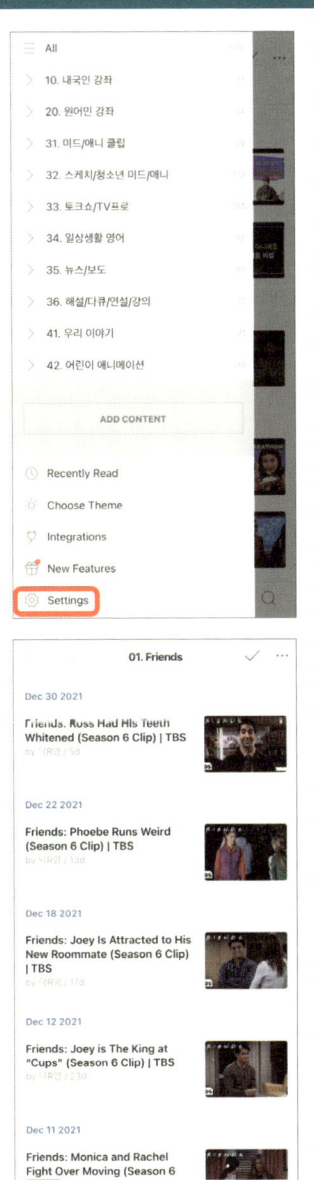

1부 유튜브 활용 3단계 실용영어 체득 가이드

2. Language Reactor의 설치 및 설정

Language Reactor(구 LLY) 확장 프로그램을 이용하면 스크립트 화면의 한 문장 전후로 구분된 블록 단위로 반복 재생이 가능합니다. 그래서 문장별 반복 듣기와 섀도잉 연습하기에 안성맞춤입니다. 아울러 기계 번역이라 완벽하지는 않지만 한국어 자막도 제공되고, 스크립트 화면의 어휘나 어구를 클릭 또는 블록 설정하여 네이버 사전이나 구글 검색을 손쉽고 신속하게 할 수 있습니다. 단, Language Reactor는 컴퓨터나 노트북에서만 활용 가능하고, 스마트폰용은 현재 없습니다.

〈매뉴얼 3〉 Language Reactor 설치, 설정 및 활용 방법

1. Google 크롬 브라우저에서 'Language Reactor'를 검색하여 클릭한다.
2. Language Reactor 홈페이지 중앙 하단의 'CHROME' 배너를 클릭한다. 크롬 웹스토어가 뜨면 'Add to Chrome' → '확장 프로그램 추가'를 순서대로 클릭한다.
3. 유튜브 동영상을 열면 화면 좌측 하단에 나타나는 (LR OFF)를 클릭하여 (LR ON)으로 변환한다. 여기서 우측 톱니바퀴 모양을 클릭하면 설정 화면이 뜬다.
4. 설정 화면 우측 하단의 '오른쪽 클릭'을 '아무 조치도 필요 없음'으로 설정한다. 이제 스크립트 화면에서 어구를 드래그하여 블록 설정하고 마우스 오른쪽을 클릭하여 네이버 영어 사전, 구글 등을 검색할 수 있다.
   - 단, 네이버 영어 사전이 나타나게 하려면, 구글 크롬에서 '네이버 영어사전 확장프로그램'을 검색, 클릭하여 크롬 웹스토어가 뜨면 'Add to Chrome'을 클릭하여 확장 프로그램 추가를 해야 한다.

- 개별 단어는 위와 같이 블록 설정 검색하는 방법과 더불어 단어를 클릭하면 뜨는 팝업창에서 Na(네이버 사전), Ca(캠브리지 사전) 등을 클릭하여 검색할 수도 있다.

아래 화면은 'Don't get me wrong.' 어구를 검색하기 위해서 드래그하여 블록 설정해서 마우스 오른쪽을 클릭한 상태이다.

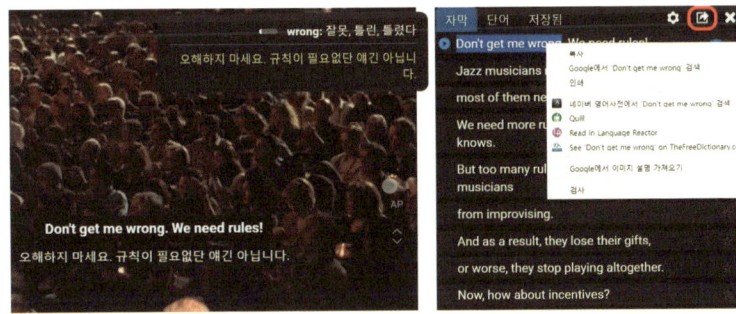

5. 이제 문장 단위 반복 재생이 가능한데, 다음과 같은 단축키를 이용하면 편리하다.

   - A 자판: 앞 문장으로 이전 재생
   - S 자판: 현재 문장 반복 재생
   - D 자판: 다음 문장으로 이전 재생
   - 스페이스 바: 일시 중지 및 재생
   - Q 자판: 한 블록 재생 후 자동 정지 및 해제

6. 우측 상단의 ▣(내보내기)를 클릭하여 스크립트의 외부 저장 또는 출력도 할 수 있다.

스크립트 화면 이용은 다음과 같은 방법으로도 가능합니다. 이는 저자와 지인이 Language Reactor가 알려지기 이전에 활용했던 방법으로, 스크립트 화면의 문장을 클릭하여 문장별 반복 재생을 할 수 있습니다. 그런데 일부 방송 채널에서 '스크립트 열기'가 없어져서, 요즘에는 한국어 번역 자막이 제공되고 단축키(A, S, D 자판) 이용 문장 반복, 문장 구간별 재생 멈춤 등도 가능한 Language Reactor를 주로 활용합니다. 단, 최근 개발된 것이라 보완 작업 때문인 것 같습니다만, Language Reactor가 이따금 작동되지 않을 때가 있습니다. 이럴 경우 이 방법을 이용하는데, 다만, 31. 미드 중 02~06, 33. 토크쇼 중 01, 04, 05, 09 그리고 35. 뉴스 중 01은 '스크립트 열기'가 없어져서 사용할 수 없습니다.

1. 유튜브 동영상 화면 우측 아래쪽의 ⋯ → '스크립트 열기'를 순서대로 클릭한다.

2. 스크립트 화면 하단의 유형 선택이 '자동 생성'이 아닌 '영어'인지 확인한다.

3. 이제 스크립트 화면의 문장을 클릭하는 방법으로 문장 블록별 반복 시청이 가능하고, 스크립트 화면의 어휘나 어구의 네이버 사전 또는 구글 검색도 할 수 있다.

3. 기타 유튜브 영어 학습지원 기능

유튜브의 영어 학습지원 기능에는 이외에 자막, 속도조절, 5초 되감기, 동영상별 연속(반복) 재생, 반복구간 임의설정 재생 등이 있습니다.

〈매뉴얼 5〉 컴퓨터 유튜브의 자막, 속도조절 등 설정 화면

1. 자막은 동영상 우측 하단 창틀의 ⚙(설정) → '자막'에 들어가서 설정하면 된다. 여기서 '자동 생성'이 아닌 '영어' 자막을 선택한다.

2. 속도조절도 ⚙(설정) → '속도'로 들어가서 0.75, 1.25 등으로 조절 가능하다.

3. 5초 되감기는 ←, 10초 되감기는 J, 멈춤·재생은 K 또는 스페이스 바 자판(또는 커서로 화면 클릭)을 각각 이용하면 된다. 동영상 반복 재생은 커서가 화면 위에 있는 상태에서 마우스 오른쪽을 클릭하여 '연속 재생'을 체크하면 된다.

4. 이 밖의 단축키에는 0 또는 Home(처음부터 시작), C(자막 켜기), + 및 - (자막 크기 조절), 〉 및 〈(속도조절) 등이 있다.

스마트폰의 유튜브 동영상에서도 자막, 속도조절, 5초 되감기, 동영상별 반복 재생 등이 가능합니다.

〈매뉴얼 6〉 **스마트폰 유튜브의 기능 설정 및 활용**

1. 유튜브 동영상 화면 우측 상단에 있는 설정(:)을 터치하면 나타나는 설정 목록에서 자막, 동영상 연속(반복) 재생, 재생 속도 등을 설정하여 시청할 수 있다.

2. 유튜브 초기화면 우측 상단의 계정 프로필 사진 부분을 터치 → 설정 → 일반 → '앞뒤로 건너뛰기'를 순서대로 터치하면 나타나는 화면에서 5초를 설정한다.

    - 이제 동영상 재생 시 화면 좌측을 두 번 터치하면 5초 되감기, 세 번 터치하면 10초 되감기 등이 된다.

    - 이와 같이 5초로 설정하면 한두 문장 정도 되돌려 재생할 수 있기 때문에 문장 반복 듣기에 적합하다.

컴퓨터의 유튜브 동영상에서 시청자가 임의로 구간을 설정하여 반복 재생할 수 있는 확장 프로그램도 있습니다.

〈매뉴얼 7〉 유튜브의 반복구간 임의 설정 확장 프로그램

1. Google 크롬 브라우저에서 'Looper for YouTube'를 검색하여 클릭하면 나타나는 웹 스토어에서 크롬에 추가한다.

2. 유튜브에서 동영상 하단에 생성된 LOOP 을 클릭하면 나타나는 가로 바를 조정하거나 시간을 입력하여 구간 반복 시청할 수 있다.

3. 짧은 반복구간은 Loop a portion: 에 체크하고, 동영상 재생 중 반복 시작 시점과 종료 시점을 지날 때 시간 입력 칸(from 00:00 to 05:09)을 더블 클릭하는 방법으로 설정한다. 이때 화살표 자판을 이용하여 되감기를 하면서 더블 클릭 시점을 맞춘다. 미세 구간 조정이 필요하면 동영상 재생을 중지하고 시간을 수정 입력하면 된다. 포맷은 '분: 초, 초 단위 이하'이다.

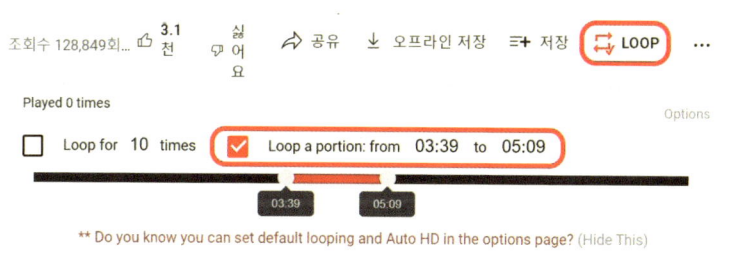

한편, Youglish라는 유튜브 동영상 검색 사이트가 있는데 관용 어구·표현 등이 어떤 맥락에서 쓰이는지 확인하는 데 유용합니다.

〈매뉴얼 8〉 YouGlish의 어구·표현 포함 동영상 검색 기능

아래 화면은 Youglish에서 'go for it'을 검색한 결과 나타난 총 17,670개 중 16번째 동영상이다.

⏮ ⏪ ⏩ ▶ ⏭ : 좌측부터 이전 동영상 재생, 5초 되감기, 검색 어구 포함 문장 재생, 동영상 재생 및 정지, 다음 동영상 재생

💬 : 동영상 스크립트 화면 펼치고 접기

IV. 실용영어 체득 프로세스

1. 학습지원 기능 활용 유튜브 공략 방법

1단계에서는 영문 스크립트가 제공되지 않으므로 Language Reactor를 Off로 설정하고 구간 반복 시청은 화살표 자판을 클릭하여 5초 되감기하는 방법을 이용합니다. 여기서는 Language Reactor를 이용하는 2 및 3단계 채널의 동영상 공략 방법에 대하여 설명하겠습니다.

1) 컴퓨터 Feedly에서 채널명을 클릭하여 유튜브의 해당 채널로 이동합니다. '동영상'을 클릭하여 전체 동영상 리스트가 뜨면 '자막' 표시가 있는 동영상 중 본인의 수준, 목적, 관심 분야 등의 측면에서 적합한 분량과 내용의 동영상을 선택합니다. 또는 '재생목록'을 클릭하면 나타나는 동영상 그룹 리스트를 통하여 재생목록과 동영상을 선택합니다.

2) 동영상을 소리식별과 내용 파악에 집중하며 두세 차례 시청합니다. 잘 안 들리면 자막을 켜 놓고 보면서 개략적이라도 어떤 내용인지 파악합니다.

3) Language Reactor 기능을 이용하여, 한 문장 또는 블록씩 모르는 어휘·어구 검색하며 해석하고 반복해서 듣고 섀도잉도 시도합니다.

3-1) 모르는 어휘·어구는 스크립트 화면에서 클릭 또는 블록 설정해서 네이버 사전, 구글 등을 검색하고 한국어 자막도 참고하며 해석합니다.

〈어휘 및 어구의 검색과 활용 방법〉

모르는 어휘·어구는 스크립트 화면에서 클릭하거나 드래그 블록 설정하여 검색하면 빠르고 편리합니다. 구어 영어를 접할 기회가 많지 않았던 학습자가 3단계를 연습하다 보면 모르는 어휘·어구가 적지 않게 등장할 것입니다. 이미 알고 있는 쉬운 단어인데 알고 있는 뜻을 대입하면 해석이 안 되는 경우에도 사전을 찾아보아야 합니다. 이때, 네이버 사전에 있는 여러 사전 중 한 사전에만, 그것도 후순위로 비격식, 속어 등의 표시와 함께 해당 문장 해석에 적합한 뜻이 있는 경우도 있을 것입니다. 어구 중에는 네이버 사전은 물론 구글에서도 검색이 안 되는 것이 있습니다. 이런 경우 어구 뒤에 'meaning' 또는 '뜻'을 추가하여 구글 검색해 봅니다. 그래도 안 나오면, https://hinative.com에 질문합니다. 아니면, 전후 문맥을 이용, 유추 해석하기도 하고 그냥 넘어가기도 합니다.

어휘나 어구는 해당 지문의 해석은 물론 말하기나 작문에도 활용하겠다는 생각을 가지고 학습합니다. 그러려면, 보다 명확히 알아야 하기 때문에 영영 사전도 챙겨 보고, 쓰임새 유형 파악의 필요성을 느껴 예문들도 하나하나 들여다보게 될 것입니다. 네이버 사전은 풍부한 예문은 물론 영영 사전도 제공합니다. 초보자의 경우 영영 사전이 부담스러울 수 있는데 영한사전과 동시에 볼 수 있고, 영문 설명 중 모르는 어휘가 있으면 클릭하여 바로 검색할 수 있어서 좋습니다. 한편, 예문은 해석과 함께 제공되는데, 아직 영어 구문 이해 또는 해석에 어려움을 느끼는 초보자에게 유용한 학습 거리가 될 것입니다. 동영상의 대사와 사전의 예문 중 괜찮은

> 표현은 오래 기억되고 단어들 철자도 익힐 수 있도록 필사도 해 봅니다. 영문 문장이나 해석을 일별한 다음에 안 보고 필사하는 연습을 지속하면, 3단계 진입 3~4개월경부터 시작할 말하기와 글쓰기 연습 때 도움이 될 것입니다.

3-2) 한 문장씩 알아들을 때까지 반복 시청하고 섀도잉도 시도합니다. 쉬운 대사(표현)라도 귀는 물론 입에도 익숙해지고 기억에도 오래 남도록, 반복해서 듣고 섀도잉하고, 음미하며 읊어도 보고, 노트에 적어 보기(필사)도 합니다. 왼손으로 A, S, D 자판 등 단축키를 이용해서 반복 재생하므로 오른손으로 편하게 필사할 수 있습니다. 스크립트나 자막을 보면서 들어도 소리가 식별이 잘 안 될 경우, 속도를 0.5 등으로 낮춰 듣고 섀도잉해서 식별한 다음에 정상 속도로 들으면 대부분 식별이 가능해질 것입니다.

> **〈섀도잉 방법〉**
>
> 섀도잉은 원칙적으로는 한두 단어 뒤쳐져서 성대모사하듯 똑같이 흉내 내며 따라 소리 내어 발음하는 것입니다. 그런데 2단계 원어민 강좌처럼 비교적 천천히 또박또박 말하는 경우 1단계를 거친 학습자 정도면 그와 같은 섀도잉이 가능할 것입니다. 하지만 3단계의 거의 모든 동영상처럼 발음현상도 많이 적용하며 빠르게 하는 말은, 웬만한 실력자도 섀도잉하기가 쉽지 않을 것입니다. 이런 경우 다음과 같이 1단계 갓주아TV에서 익힌 방법으로 연습합니다.
>
> 즉, 먼저 한 문장을 수차례 반복 시청하며 어떻게 발성, 발음, 호흡하고

> 강세, 리듬을 취하는지 파악합니다. 이어서 강세 단어 하나가 포함된 단어 뭉치별로 발음연습을 한 다음에 문장에 대하여 섀도잉합니다. 이때 스크립트를 보면서 수차례 시도한 다음에, 스크립트를 보지 않고 가능한 한 익숙해질 때까지 반복 시도합니다. 다시 말하지만, 강세, 리듬, 발성, 호흡, 음소 발음까지 모두 성대모사 하듯 똑같이 따라 발음해야 섀도잉이 잘되고 아울러 발음 실력도 늘고 그에 따라 자신감도 올라가고 듣기 실력도 증진됩니다.

4) 동영상 전체를 스크립트를 보지 않고도 알아듣고 귀와 입에 익숙해질 때까지 반복 시청하고 섀도잉도 시도합니다. 초기에는 대부분 어려울 것입니다만, 계속 시도하다 보면 실력이 축적되면서 점진적으로 수월해질 것입니다.

5) 새 재생목록 폴더를 생성하여 저장하고 하루 중 짬 나는 시간에 스마트폰으로 복습합니다. 주말에 주중 저장한 재생목록 동영상 모두를 복습한 후 목록들을 삭제합니다. 이때도 잘 안 들리면 자막, 속도조절, 되감기 등의 기능을 활용합니다.

〈매뉴얼 9〉 컴퓨터에 복습용 재생목록 만들기 및 활용 방법

컴퓨터의 유튜브 동영상 우측 하단의 '저장' → '+새 재생목록 만들기'에서 새 재생목록(예, 12월 29일)을 만들어 저장한다. 저장한 동영상들은 유튜브 초기 화면 좌측 상단의 ≡ 를 클릭하면 나타나는 해당 재생목록을 클릭하여 재생할 수 있다.

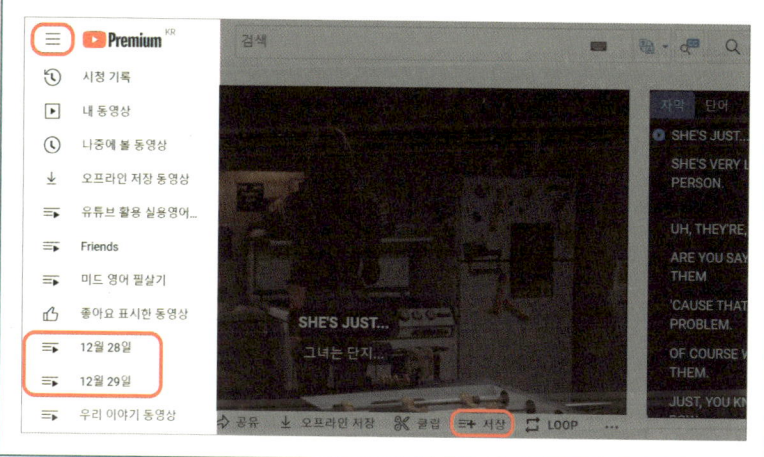

〈매뉴얼 10〉 스마트폰에서 재생목록 활용 방법

스마트폰 유튜브에서는 유튜브 초기 화면 우측 하단의 '보관함'을 터치하면 재생목록에 컴퓨터에서 저장한 이름의 재생목록(예: 12월 29일)이 나타난다. 이를 터치하면 나타나는 화면에서 '재생'을 터치하면 아래 우측과 같은 화면에서 재생된다. 여기서 ⇄를 터치하면 재생목록 내 모든 동영상이 반복 재생되고, 한 번 더 터치하면 가운데 1이 표시되면서 한 동영상만 반복 재생된다.

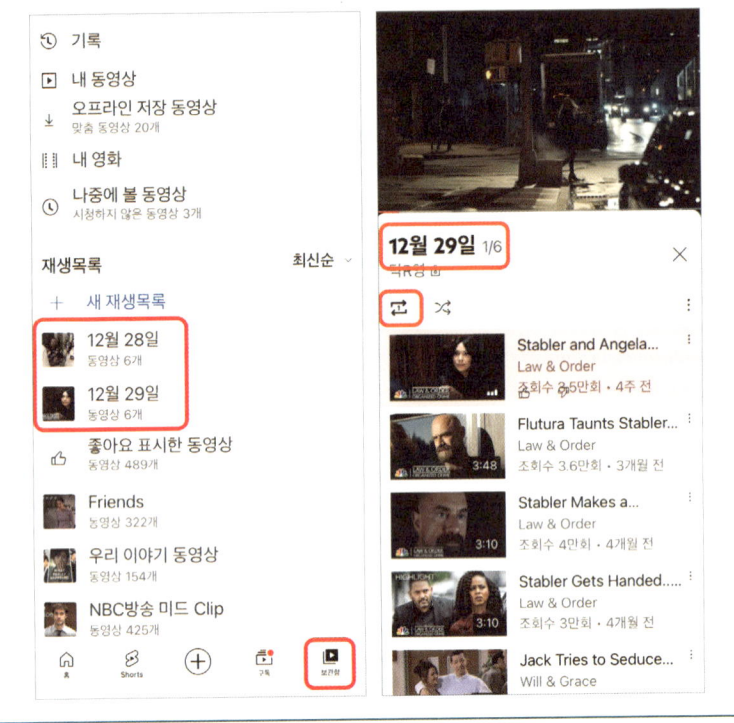

⟨2, 3단계 네이티브 영어채널 공략 프로세스 요약⟩

1. 동영상 2~3회 시청	◆ 소리식별과 내용 파악에 집중 ◆ 잘 안 들리면 자막 참조
2. 문장별 해석, 반복 시청 및 섀도잉	◆ Language Reactor의 스크립트 화면 어휘·어구를 클릭 또는 블록 설정하여 사전 검색, 한국어 자막, 문장 반복 재생 등의 기능 활용 ◆ 유튜브의 속도조절 기능 등 활용
3. 동영상 반복 시청 및 섀도잉	◆ 자막·스크립트, 속도조절, 되감기 등의 기능 활용 ◆ 자막·스크립트 보지 않고도 알아듣고 귀와 입에 익숙해질 때까지 반복 시청 및 섀도잉
4. 재생목록에 등록하여 자투리 시간에 복습	◆ 스마트폰의 자막, 속도조절, 5초 되감기(찍찍이) 등의 기능 활용
5. 주말 전체 복습 및 재생목록 삭제	◆ 자막, 속도조절, 반복 재생, 되감기 등의 기능 활용

2. 단계별 학습·습득 기간

단계별 학습·습득 기간은 학습자의 실력 수준, 시간 여건, 영어 습득 재능 등이 각자 다르기 때문에, 일률적으로 정하기에는 무리가 따릅니다. 하지만 단계별 투입 기간 등에 대한 아무런 계획 없이 학습하면, 하위 단계에서 마냥 머물 우려도 있고 성취감이 반감될 수도 있습니다. 여기서는 단계별 들을 거리의 내용, 난이도, 분량, 필요성 등을 감안하여 개략적으로 기간을 제시하겠습니다. 다만, 이를 기준으로 하되 학습 또는 습득하면서 그때그때 성취 정도를 감안, 스스로 판단하여 다음 단계 진입 시기를 최종 결정합니다. 이러한 기간 계획에 기반하여 일자별 학습할 내용과 동영상에 대한 주간, 월간, 연간 등의 계획을 수립하고 진척 결과를 확인하고 계획도 보완합니다. 자기 주도 학습할 때 이와 같이 계획을 수립하고 진척 사항을 체크하면, 중도 포기하지 않고 지속적으로 학습할 가능성을 높여 줍니다. 하루 투입시간은 집에서 컴퓨터나 노트북을 이용하여 학습하는 1~2시간과 외부 활동을 할 때 짬 나는 시간에 스마트폰을 이용하여 복습하는 1~2시간 등 총 2~4시간입니다.

먼저 1단계는 2~3개월 정도 이내에 끝냅니다. 그리고 기간 내에 계획한 목표를 달성하지 못하더라도 다음 2단계로 나아 갑니다. 2단계 학습 중에 1단계 중 중요하지만 미처 학습하지 못한 것은 물론 새로 업로드된 것도 선별하여 챙겨 수강합니다. 2단계는 3~4개월 정도 기간에 마치는 것으로 정하고, 가능한 한 많은 것들을 수강하고 3단계로 진입합니다. 3단계에서도 역시 이전 1, 2단계 강좌 동영상들 선별 수강을 병행합니다.

3단계는 기간을 정해 놓고 지나면 끝내는 것이 아니라, 평생 지속해야 하는 끝이 열린 단계입니다. 우리와 같이 영어를 상용하지 않는 환경에서는 영어 인풋을 계속해야 합니다. 그러지 않고 기대 수준에 다다랐다고 생각하고 소홀히 하면 다시 실력이 퇴보할 것입니다. 기존 실력을 유지하고 새로운 어휘, 어구, 표현 등도 익히기 위한 영어 소리 노출 또는 인풋 활동은 계속해야 합니다. 그러다 보면 점차적으로 알아듣기가 수월해지고 새로 찾아보아야 할 어휘·어구도 줄어들어, 영어를 즐기며 실력을 유지 및 향상시킬 수 있게 될 것입니다.

3. 말하기와 글쓰기 단계

한편, 3단계 진입 3~4개월 정도 지나면 말하기와 글쓰기 연습도 병행하기 시작합니다. 그동안 상당 기간 어휘·어구 검색하여 해석하고 리스닝 및 섀도잉하고 필사도 해서 축적된 인풋이 있어서, 이제 아웃풋, 즉 말하기와 글쓰기도 어느 정도 가능할 것입니다. 이를 기반으로 하여 이제부터 본격적으로 말하고 쓰는 연습을 병행하면 실력이 가속 증진될 것입니다.

먼저, 주변에서 일어나는 일이나 현상 또는 보이는 사물 등을 영어로 설명 또는 묘사하거나, 스스로 상황을 설정하여 혼자 말하고 대답하는 등의 말하기 연습을 합니다. 연습 결과 표현들은 다음 문단에서 소개하는 Paraphraser에 입력, 고쳐쓰기 하여 서로 비교, 검토해 보기도 합니다. 1단계 '10. 라이브 아카데미 및 토들러' 채널 강좌에서, 먼저 주어지는 한국어 지문을 스스로 영작하고, 이어지는 강사님이 영작 및 해설과 비교해 보는 연습도 합니다. 단, 말하기 연습하기가 아직 버겁다고 생각되면 그 시기를 늦추기 바랍니다. 저명한 언어학자들의 연구 결과에 따르면, 무리하게 말하기를 시도하면 스트레스만 유발되고 실력은 늘지 않는다고 합니다. 굳이 말하기 연습을 하지 않아도, 알아들을 수 있는 것을 많이 듣다 보면 말하기는 저절로 가능해진다고 합니다. 하지만 그 시기를 앞당기기 위해서는 어느 정도 인풋 기간이 지나면 본격적인 말하기 연습이 필요합니다.

이즈음부터 글쓰기도 적극적으로 시도합니다. 학습 목적으로 일기,

펜팔, 어학 시험 답안 등을 작문하는 학습자, 실무상 영문 이메일, 보고서 등의 작성이 필요한 직장인, 학업상 영문 자소서, 학업 계획서 또는 리포트, 에세이 등이 필요한 학생 모두 남에게 의존하지도 두려워하지도 말고 직접 작성합니다. 왜냐하면 그동안 축적된 인풋이 있어서 어느 정도 글쓰기가 가능해졌을 것이고, 게다가 https://quillbot.com의 고쳐쓰기(Paraphraser)를 이용하여 검토하고 보완할 수 있기 때문입니다. 이것은 원래 원어민들이 이용하는 프로그램으로, 작성한 각종 문서를 원문이 전달하고자 하는 내용이나 의미는 그대로 유지하면서 어휘, 어구 등을 격식 등이 다른 동의어 또는 유의어로 교체하고 문장의 구조나 배치를 변경하여 다르게 표현해 줍니다.

어색한 표현이나 문법적인 오류도 교정해 주기 때문에, 실제 비즈니스나 학업상 목적의 영어 문서를 작성하는 직장인 또는 학생은 물론, 글쓰기 연습을 하는 영어 학습자에게도 매우 유용합니다. 저자도 직장과 국제기구 근무 당시 영문 이메일, 보고서 등을 작성할 때 애용했는데, 이것을 알고부터 글쓰기에 대한 두려움이 없어졌습니다. 사용 방법은 간단합니다. QuillBot 홈페이지 좌측 화면에 영어 문서를 작성하거나 붙여넣기하고 하단에 있는 Paraphrase 버튼을 클릭하면 우측 화면에 고쳐진 글이 나타납니다. 여기서 Rephrase 버튼을 누르면 누를 때마다 다른 표현들로 변경됩니다. 유료(Premium) 가입하면 더 많은 고쳐쓰기 등이 가능한데, 실무상 영문 작성할 일이 많은 업종 종사자가 아닌 이상 무료 버전으로도 충분할 것입니다.

직장인이나 학생은 이렇게 하여 고쳐진 문서들 중에 취사선택하여 실제 업무나 학업에 활용하면 됩니다. 글쓰기 학습자는 본인이 작성한 원문을 고쳐진 것들과 비교하고 보완해 보는 연습 등을 하다 보면 글쓰기 실력이 빠르게 증진될 것입니다. 한편, 구글 확장 프로그램도 있어서 유튜브 스크립트의 해석 등을 위하여 고쳐 쓰는 데도 활용 가능합니다. 구글 크롬 브라우저에서 'QuillBot for Chrome'을 검색, 클릭하면 나타나는 웹 스토어에서 크롬에 추가합니다. 이제 유튜브 스크립트 화면에서 고쳐 쓰고 싶은 문장을 블록 설정하여 마우스 우측 클릭 후 'Quill'을 선택하면 고쳐진 표현들이 나타납니다. 어구나 문장 구조를 몰라서 해석이 잘 안 될 때 등에 활용할 수 있습니다.

한편, 읽기도 언어 학습의 4대 영역(읽기, 듣기, 말하기 및 쓰기) 중 하나로서 매우 중요합니다. 어휘·어구 등을 검색하며 해석하는 연습을 하면 독해력이 증진되고, 아울러 읽기를 많이 하면 영어 인풋이 축적되어 말하기, 글쓰기 및 리스닝에 도움이 될 것입니다. 그러나 본서에서는 읽기에 대하여 별도로 다루지 않았습니다 리스닝 연습할 때 스크립트를 해석하는, 즉 읽는 과정이 포함되어 있기 때문입니다. 글쓰기 연습할 때 즈음이면, 그로 인해 이미 읽기 실력도 많이 증진되어 있을 것입니다. 이를 기반으로 이제부터 소설이든 신문기사든 읽기도 병행하면 읽기는 물론 전반적인 영어 실력 향상에 크게 도움이 될 것입니다.

〈단계별 실용영어 학습 습득 과정 요약〉

단계	1단계	2단계	3단계
채널	미국인 강좌	원어민 강좌	네이티브 영어채널
과정	학습 과정	몰입 과정	인풋, 습득 및 아웃풋 과정
기간	2~3개월	3~4개월	계속 3~4개월 이후 병행
학습 습득 내용	• 발음 훈련: 발음기호 (음소), 발음현상, 발성, 호흡, 강세, 리듬 • 문법 학습: 기본 문법 전반, 문법 원리 응용 • 리스닝 및 섀도잉 실전 • 훈련: 미드, 영화, 애니 등 몰입 • 비즈니스 및 생활영어 표현 학습	• 학습: 어휘, 어구, 표현, 문법, 생활영어, 발음 등 • 인풋 및 습득: 원어민 강의 소리 반복 시청 및 섀도잉	• 학습: 어휘·어구 클릭 및 블록 설정 검색 및 해석, 문장별 반복 듣기 및 섀도잉 • 인풋 및 습득: 동영상 반복 시청 및 섀도잉 • 아웃풋: 말하기 및 글 쓰기 연습
활용 기능	5조 도입기(컴퓨터: 좌측 방향 화살표 자판 클릭, 스마트폰: 좌측화면 더블 터치)	• Language Reactor: 스크립트 문장별 반복 재생, 한국어 번역 자막 참조, 어휘·어구의 네이버 사전, 구글 등 검색 • 자막, 속도조절, 구간 반복, 찍찍이(스마트폰)	고쳐쓰기 (Paraphraser)

실용영어 체득 여정

Ⅰ. 시행착오

그녀 안녕하세요.

  서울에 출장 갔다 귀가하는 중 오송역에서 하차하여 역사로 가고 있는데 한 여성이 말을 걸어왔다.

나 아 예, 그런데 뉘신지?

그녀 실은 기차 옆자리에 앉았었는데 오송역까지 오는 동안 내내 노트북 보며 영어공부하시던데요. 모니터 보니까 영상 옆에 스크립트가 있고 마우스로 뭔가 조작하면서 시청하며 공부하시는 것 같던데 무슨 프로그램인지 여쭙고 싶어서요. 어, 그런데 어디서 많이 뵌 분 같아요. 혹시 수년 전에 영어책 써서 신문에도 나고 홈페이지도 가지고 계시지 않았나요? 당시 그 책도 사서 보았고 홈페이지에도 꽤 들락거렸는데, 거기에 링크된 조선일보 인터뷰 기사에 난 사진의 모습과 똑같이 생기신 것 같아서요.

나 아 예, 맞아요. 그런데 꽤 오래전 일인데 이렇게 알아봐 주시다니 반갑네요.

그녀 제가 더 반갑습니다. 영어 잘하시는 저자분을 이런 데서 우연히 뵙게 되다니. 혹시 지금 커피 한잔하실 시간 있으신가요? 제가

　　　　살게요.
나　예, 그러시죠. 저기 보이는 커피숍으로 가시죠.

역사 내에 있는 커피숍에서 커피 한잔을 하며 이야기를 이어갔다.

나　그런데 솔직히 말씀드리자면 저 영어 잘하는 거 아닙니다. 영어를 전공한 것도 아니고 영어로 먹고사는 직업을 가진 것도 아니고요. 다만, 바쁜 직장생활 하면서 실력이 완전 바닥 수준인 상태에서, 그것도 영어공부를 시작하기엔 꽤 늦은 나이에 남다른 방법으로 도전했는데 나름 성과가 있었다고나 할까? 영어 열공 현재 진행형이기도 하고요.

1. 평균을 끌어내리는 주범

그녀　나이가 많이 드셨을 때까지 영어 실력이 바닥 수준이셨다고요?
나　예, 맞습니다. 그런데 그게 그럴 수밖에 없었습니다. 실은 제가 원래 가방끈이 짧았거든요. 전기도 들어오지 않는 시골에서 가정 형편상 중학교까지만 다니고 바로 상경하여, 이런저런 공장 또는 직장생활을 했습니다. 그러면서 고졸 검정고시, 9급 및 7급 공무원 시험, 대학 입시 등에 합격했고 성균관대 야간 과정을 다녔어요. 그러다 보니 항상 시간이 부족하여 영어공부를 제대로 할 기회가 없었기 때문에, 영어 성적은 어느 시험에서나 전체 평균을 끌어내리는 밑바닥 수준이었어요. 급기야는 직장을 휴직까지 해 가며 준비한 행정 고시에서 영어 과락의 수모를 당하기까지 하였고요.

그녀   생업에 종사하며 검정고시, 9급, 7급 시험에 합격하고 대학도 다니시고, 고시 공부까지 하셨군요. 대단하십니다. 하지만 말씀하신 대로 여건상 영어공부는 제대로 하시지 못했을 것 같아요.

나   예, 행정 고시에서 영어 과락을 맞은 충격 때문에 직장 복직 후에는 영어를 아예 적대시하며 지내고 있었습니다. 그런데 그 후 7년여가 지나 나이도 40대 중반 즈음에 이른 어느 날, 갑자기 직장에서 토익 성적을 승진 자격 요건으로 하는 제도를 도입하였습니다. 당시 경력상 승진심사 대상에 속한 때라 시험공부를 하긴 해야 하는데, 특히, 그동안 그런 시험이 있는지조차 몰랐던 듣기 시험에 대하여 어떻게 대비해야 할지 몰라 우왕좌왕하였습니다. 그러다 우연히 인터넷의 무궁무진한 이런저런 영어방송 소스들을 알게 되었죠. 이들을 듣고 읽는 연습에 활용하여 7개월 정도 만에 승진 상위 가산점 요건을 충족하는 820점을 받았습니다. 당시 놀랍게도 RC(읽기 영역)보다 LC(듣기 영역) 점수가 더 높았어요. 결과적으로 영어가 승진의 걸림돌이 아닌 디딤돌이 된 거죠.

그녀   직장생활을 하면서 그렇게 짧은 기간 공부한 것을 감안하면 상당히 고득점하신 거네요. 보통 토익 시험 대비 리스닝 공부는 문제 풀이 위주로 하던데 영어방송 자료를 이용하신 게 특이한 것 같아요.

2. 유학과 불편한 진실

나   맞아요. 저도 아마 그런 전통적인 문제 풀이 위주의 방식으로 공부했으면 다른 동료들처럼 600점대 초중반을 전전했을 것 같아요.

	여하튼 그래서 그런 경험 과정과 인터넷 듣기 자료 등의 출처 및 활용 정보를 담은 책도 출간하였고, 내친김에, 이전에는 꿈도 꾸지 못했던 국비 장기연수 시험에도 도전하여 유학도 갔어요.
그녀	대단하십니다. 직장생활 하시면서 동시에 책도 쓰고 유학시험도 보고.
나	별로 기대하지 않고 원고를 네댓 곳 출판사에 이메일로 보냈는데 유명한 영어 서적 전문 출판사에서 연락이 오더라고요. 아마 아이디어가 신선해서 그랬던 것 같았습니다. 당시 스마트폰 나오기 수년 전이고, 아마 유튜브도 없을 때였을 거예요. 신문 인터뷰를 IT 전문 기자랑 했고 기사도 문화면이 아니라 IT면에 났죠.
그녀	중고등학교 영어 교과서와 베스트셀러 참고서도 많이 출간하고, 한때 토익 교재가 히트 친 적도 있는 출판사죠.
나	네. 책도 독특한 제목으로 올 컬러로 만들고 부록으로 미니북도 첨부하고, 나중에 출판사에서 별도로 홈페이지도 개설하는 등 신경을 많이 써 주었습니다.
그녀	뿐만 아니라 책에 동봉된 CD를 컴퓨터에 삽입하면 영어방송 등의 사이트 링크 목록 프로그램이 자동으로 설치되었고요.
나	저는 원고만 제공했는데 출판사에서 알아서 그렇게 해 주었습니다. 다만 아쉬운 것은 이후 영어 사이트 주소 변경 등에 대하여 홈페이지 업데이트를 하지 않아서 흐지부지하다 없어졌습니다. 저도 유학 가느라 신경 쓸 여력이 없었고요.
그녀	그 홈페이지 영어 사이트 링크목록 화면을 통째로 복사해서 올려 놓은 블로그나 카페가 여기저기 있을 정도로 꽤 유명한 것 같았는데 그렇게 됐군요. 메이저 신문 인터뷰 기사도 났었는데 아쉽네요.

나   솔직히 말씀드리자면, 당시 제가 영어 듣기 실력이 나름 괜찮은 수준이라고 생각하고 좀 오버했던 것 같아요. 하기야 영어 시험에 리스닝 파트가 있다는 것도 몰랐었는데 그런 성적까지 받았으니 그럴 만도 하지 않았을까 하는 생각도 들고요. 그런데 시험은 시험일 뿐이더라고요. 막상 미국에 가니까 말 그대로 서바이벌 수준의 의사소통이나 배경지식이 있는 강의 듣기는 가까스로 되는 둥 마는 둥 했고, 뉴스 방송이나 드라마도 안 들리고 사전 지식이 없는 강의나 조교의 공지 멘트, 학생들의 질문 등을 포함하여 외국인을 배려하지 않고 하는 원어민 말은 거의 모두 알아들을 수가 없었습니다. 그래서 학교 수업 시간 이외에는 주로 우리나라 사람들하고만 어울리다시피 하며 지냈습니다.

그녀   토익 리스닝 만점 맞아도 영어방송 못 알아듣는 사람이 부지기수라는 얘기는 많이 들었습니다. 그런데 선생님께선 영어방송 시청각 자료로 공부하셨는데도 그랬나요?

나   토익 공부할 당시 스크립트 있는 방송 자료는 읽기도 하면서 들어 보고, 잘 알아듣지 못하는 것도 무작정 계속 들었어요. 그리고 시험을 보았는데 대부분 명확하지 않고 애매하게 들렸는데도 당시 LC가 440점이 나왔어요. 그러니까 그런 식으로 학습해도 토익 연습 문제 푸는 방법으로 공부하는 것보다는 점수가 잘 나오는 것 같았어요. 아마 토익 문제보다 듣기가 더 어려운 방송 자료로 연습해서 그런 것 같았습니다. 알아듣기 어려운 걸 듣다가 그보다 쉬운 걸 들으면 잘 들리는 경향이 있거든요. 하지만 점수는 점수일 뿐 영어를 제대로 알아들을 수 있던 건 아니었죠.

그녀   그렇군요. 저도 미국에서 1년 반 정도 살았는데, 영어 커뮤니티

스쿨에 다니는 등 나름 노력했음에도 미국 TV 방송은 아예 한마디도 못 알아들었고, 회화 강의를 수강해도 원어민 강사의 강의 알아듣기 자체가 잘 안 되니까 회화 실력도 전혀 늘지 않았어요. 그래서 저도 우리나라에서 온 분들과만 어울려 다녔고, 집에 있을 때는 우리나라 드라마 비디오만 잔뜩 빌려다 보곤 했습니다.

특히, 성인의 경우에는 미국에 가서 산다고 해서 영어 실력이 그냥 늘지는 않는 것 같더라고요. 당시 시삼촌께서 이웃 동네에 사셨는데, 도미한 지 15년이 넘었어요. 그런데도 숙모님이 영어 듣고 말하기를 전혀 못 하셨어요. 댁을 방문할 때마다 보면 미국 TV는 시청하지 않고, 저처럼 한국 비디오만 보셨어요. 우리나라에서 방영하는 인기 있는 드라마나 오락물들, 미국에서 일주일도 안 돼 비디오 테이프로 유통돼서 빌려 볼 수 있었거든요. 제가 다시 미국 생활을 할 기회가 조만간 또 있을 텐데, 아무런 준비 없이 가게 되면 또 그렇게 의미 없이 지낼 것 같아서 찜찜해요.

숙모님이야 연세가 꽤 드셨기 때문에 그럴 수 있겠지만, 저는 나이도 아직 젊고 대학도 남부럽지 않은 데를 나왔는데 말입니다. 무엇보다 당시 초등학교 1학년이던 우리 큰아이한테 창피했어요. 그 애는 미국에 간 지 한 4개월경부터 어린이 방송을 본격적으로 즐기기 시작하는 것 같더니, 7개월 정도 지나니까 말문도 제법 트이는 것 같더라고요. 1년 반이 되니까 듣기도 말하기도 원어민 수준이 되더라고요. 물론 무엇보다 학교에서 본토 애들과 뒤섞여 영어로만 소통하며 공부하고 놀다 보니 그랬겠죠. 그런데 저는 완전 까막귀였으니.

나   저도 말씀하신 숙모님 같은 분들에 관한 이야기를 들은 적이 있어요. 언어 문제 때문에 답답하기도 하고 스트레스도 많이 쌓여서, 남편한테 상습적으로 폭언을 퍼붓는다는 분 얘기도 들었고요. 요즘엔 특히 젊은 주부 중에 한국 드라마, 오락 프로 등을 인터넷을 통하여 보는 사람들도 많다고 합니다. 그런 분들은 대부분 전업주부인데, 영어를 못해도 살림살이하는 데 거의 지장이 없으니까 그런 것 같습니다.

그녀 맞아요. 무엇보다 한국인 커뮤니티가 어딜 가도 잘 형성되어 있어서 더 그런 것 같아요. 미국에 살더라도 우리나라 사람들 하고만 어울리면, 영어 습득 환경 측면에서는 우리나라에서 사는 것과 별반 다를 게 없겠죠. 제가 지냈던 곳에서는 무료 커뮤니티 스쿨에서 다양한 영어 강좌를 개설하여 운영하고 있었습니다. 그런데 우리나라 수강생들은 대부분 우리나라 사람들 하고만 어울리며 이국 생활 정보 공유하고 인맥 늘리는 장소 정도로밖에 활용을 못 하는 것 같았어요.

3. 무작정 듣기 시행착오

나 그렇군요. 저는 유학 끝나고 귀국하여 직장 복귀 후에는 일에 묻혀 한동안 영어를 잊고 지냈습니다. 그러다가 한 국제 행사에 참석했다가 영어가 잘 안 들려서 자극받아, 다양한 영어 라이브 또는 VOD 방송 홈페이지 주소 등을 모아 놓은 다음카페를 개설하고, 이들을 이용하여 듣기 연습을 다시 시작하였습니다. 그러다 역시 아무리 들어도 별로 진전이 없어서 포기하다시피 했습니다. 카페는 회원이 한때 5만 명까지 늘었는데 카페지기는 영어를 포기한 거죠. 하기야 실제 제대로 활용하고 있는 회원은 극소수인 것 같긴 했지만요.

그녀   그럼 저만 포기한 게 아니었네요. 저도 워낙 기초가 없는 데다, 선생님 책에서 소개한 것들 모두 생짜배기 본토발 영어 들을 거리들이었잖아요. 아무리 애를 써도 그냥 쏼라쏼라로만 들려서 두 달인가 들락거리며 연습하다 그만두었어요. 그때 남편 따라 미국에 가서 한동안 살아야 해서 영어공부가 절실한 상황이었는데도요.

나   그랬군요. 영어방송 사이트 등 링크 홈페이지, 나중에는 다음카페까지 개설했는데, 정작 우리 같은 사람들에게는 잘 알아들을 수가 없어서 별로 도움이 안 된 것 같아요. 나중에 알았지만 아무리 애를 써도 그토록 알아듣지 못한 원인은 무엇보다, 원어민이 말할 때 우리가 배운 것처럼 발음하지 않기 때문이었습니다. 각종 발음현상을 적용하여 말하기 때문이었던 거죠. 그런 것도 모르고 무작정 듣기만 했으니.

그녀   저도 특히, 중고등학교 시절 배워서 알고 있는 단어가 꽤 될 텐데도, 거의 모두 알아듣지 못했어요.

나   무슨 단어나 어구를 발음하는지 식별되지 않는 미국 방송 등의 원어민 말소리는 아무리 많이 들어도 소용이 없는 거였어요. 그동안 시간만 허비한 거였죠.

그녀   그런데 알아듣지 못해도, 즉 단어 등이 식별되지 않아도 영어방송에 귀를 많이 노출시키면 듣기 실력이 향상된다고 주장하는 사람도 있던데요. 심지어 잠을 잘 때도 영어방송을 틀어 놓으면 도움이 된다고 하더라고요.

나   에이, 근거 없는 낭설입니다. 소리식별이 안 돼서 쏼라쏼라라고만 들리는 소리는 말 그대로 그냥 잡음이기 때문에, 아무리 많이 들어도 듣기 실력 증진에 아무런 도움이 안 됩니다. 시간 낭비일 뿐입니다. 그것은 마치 사전을 베고 자면서 단어가 외워지길 기대하는 것과 다름없어요. 제 장기간의 경험에 의해 입증된 겁니다.

그녀 아무래도 그렇겠죠? 쏼라쏼라라고만 들리는 소리는 말씀하신 대로 잡음에 불과하니까 아무리 들어도 도움이 될 리가 없는 것은 어찌 보면 자명한 것인데, 그걸 오랜 기간을 허비하는 시행착오를 겪고 나서야 깨닫게 되다니.

4. 4차산업혁명 기술 응용 실용영어 체득

나 그런데 몇 해 전에 스마트폰이 등장했잖아요. 이거 있으면 영어방송도 아무 데서나 보고 들을 수 있다고 해서 구입하여 이것저것 둘러보다 자막, 속도조절, 되감기 기능이 있는 유튜브의 영어 채널들을 접하게 되었습니다. 컴퓨터로는 이에 더해 스크립트 문장 구간 반복 등도 되는 것을 알고 다시 영어공부를 시작했습니다. 한 영어학습 강좌 채널에서 영어를 제대로 알아들으려면 무엇보다 발음현상을 알아야 한다고 해서, 관련 서적과 미국 사이트들도 참고하고 스크립트 있는 유튜브 영어방송들도 들으며, 다양한 발음현상에 대하여 확인하고 귀로 익히기도 하면서요.

  집에서는 컴퓨터 유튜브에서 동영상을 반복시청하고 모르는 어휘·어구 사전 검색하여 해석해 가며 다시 문장별로 그리고 동영상 전체에 대하여 수차례 시청하고 따라 발음도 해 보았습니다. 그리고 출퇴근이나 운동 중 또는 차나 사람 기다릴 때 스마트폰으로 다시 반복해서 듣는 식으로 복습하였습니다. 영어공부에 유용한 국내외 영어학습 채널, 스크립트 제공 네이티브 영어 채널 등도 추가로 수집, 활용하면서요. 그러다 보니까 드디어 영어가 들리기 시작하는 것 같더라고요.

　유튜브의 자막 및 스크립트 화면 제공, 속도조절, 문장 반복 재생 및 되감기 등의 기능이 크게 도움이 되었습니다. 특히, 유튜브 스크립트 문장을 클릭하여 한 문장 전후 블록씩 반복해서 듣고 따라 발음하고 모르는 어휘·어구를 클릭 또는 블록 설정하여 네이버 사전이나 구글 검색이 가능하여 더없이 좋았습니다.

그녀　우와! 유튜브에 별 기능이 다 있네요. 모두 우리 같은 영어 학습자를 위한 맞춤형 기능인 것 같아요.

나　네. 그리고 영어학습 강좌 채널들도 좋았고 무엇보다 다양하고 무궁무진하고 싱싱한 네이티브 대상 본토 영어채널을 그런 기능들을 이용하여 공략하니까 재미도 있고 레알, 내추럴 실용영어를 익힌다는 확신이 들어서 좋았습니다.

그녀　재미까지 있다면 금상첨화이겠네요.

나　맞아요. 영어 듣고 말하기 실력을 키우려면 학습자의 의지나 동기만으로는 한계가 있습니다. 학습 방법과 콘텐츠가 출중해서 그에 따라 학습하면 성공할 것이라는 확신이 들고 재미도 있고 실력 향상이 체감되기도 해야 합니다. 그래서 영어와 가능한 한 오랫동안 그리고 자주 함께하려고 밤잠도 줄이고, 출퇴근이나 운동도 혼자 하고, 점심은 구내식당에서 후다닥 해결하고, 저녁 모임도 최대한 자제할 정도가 되어야, 특히 바쁜 직장인의 경우 성공할 수 있을 것입니다.

그녀   도저히 뿌리칠 수 없고 함께하고 싶어서 안달이 날 정도가 되어야 하겠네요. 그런데 선생님이 이용하신 방법과 콘텐츠가 그렇다는 것이고요. 안 되겠다. 오늘 선생님께 확실한 영어 정복 방법을 배워 가지고 가야겠어요. 안 가르쳐 주시면 제가 투자한 책값과 시간에 대한 손해 배상 청구할지도 몰라요. 단, 좋은 방법 전수해 주시면 제가 거하게 한 방 쏠게요.

나   저런, 오늘 내가 단단히 잘못 걸려든 것 아냐? 다행히 영어를 확실하게 점령할 수 있는 경험에 근거한 비법과 자료를 가지고 있길 망정이지. 잘 알겠습니다. 성공할 수밖에 없는 한 수 가르쳐 드릴 테니, 나중에 효과 보시면 차나 한잔 사세요.

그녀   그럼 언제 저에게 노하우를 전수해 주실 거죠? 당장 오늘 저녁에 우리 집에 오셔서 가르쳐 주시면 안 될까요? 제가 머지않아 다시 미국에 가서 지내게 될 것이라 좀 다급해서요.

나   그러죠 뭐. 실은 저도 제 방법의 효과에 대하여 다른 분을 통하여 확인하고 싶던 차였습니다. 그래서 발음기호와 발음현상에 대한 동영상 강의 파일도 만들고 유튜브 채널을 더 많이 수집, 엄선하여 체계적으로 정리해 놓았어요. 이들의 내용과 활용 방법도 기록해 놓았고요. 영어 왕초보자도 이에 따라 단계적으로 학습하다 보면 영어 귀가 뚫리고 말문이 트이기 시작할 거예요.

그녀   좋습니다. 이 영어 의사소통 불치병에 걸린 중증 환자가 기꺼이 선생님 신약의 임상 실험 대상이 되겠습니다.

II. 듣기가 먼저다

　그날 저녁 강의 동영상 파일을 담은 USB와 설명 자료를 가지고 그녀의 집을 방문하였다. 괜한 오해를 살까 봐 식구들에게는 급하게 처리할 업무가 있어서 사무실에 간다고 말하고 나왔다.

나　　아파트가 상당히 크고 좋네요.
그녀　어서 오세요. 네 식구 살기에는 평수가 좀 큽니다. 게다가 요즘은 주말부부라 평일에는 애들이랑 저만 살아요. 남편은 서울에 있는 시댁에서 직장에 다니고요. 지금은 막내와 신랑은 시댁에 있고 큰애노 학원에 가고 없어요. 썰렁하죠?
나　　윽, 그럼 지금 저와 단둘이만 이 집에 있는 겁니까? 남자인 제가 겁나지 않나요?
그녀　영어 비법을 전수받는 자리인 만큼 어느 정도의 위험은 감수해야죠. 에고, 농담 그만하고요. 우선 식사부터 하시죠.

　와인 한 잔을 곁들인 저녁 식사를 마치고 본격적인 전수가 시작되었다.

1. 들리면 만사형통

나 그럼 먼저 한 가지 물어보겠습니다. 영어에서 듣기, 말하기, 읽기, 쓰기 중 어떤 것이 우선적으로 필요하거나 가장 중요할 것 같나요?

그녀 그야 듣기겠죠. 대화할 때 상대방의 말을 알아들어야 어떤 식으로든 반응을 할 수 있을 것이고요. 또 알아들을 수 있으면 방송이나 드라마, 영화 등을 즐길 수 있죠. 그것 자체만으로도 축복이고 또 그래서 많이 즐기며 듣다 보면 말하기나 글쓰기 실력도 증진될 것 같아요. 들은 것을 흉내 내어 말로 하거나 글로 옮기면 될 테니까요. 물론 말하기도 글쓰기도 빨리 습득하려면 그 자체의 연습 과정이 추가적으로 필요하기는 하겠지만요.

나 그렇습니다. 우선 알아들을 수 있으면 상상 이상으로 보고 들으며 즐기고 학습할 거리가 풍성해지죠. 그리고 외국인을 만났을 때 설령 말하기가 많이 서툴러도 상대방이 하는 말을 알아들을 수 있으면 의사소통이 어느 정도는 가능할 것이고요. 그런데 어떻게 해야 알아들을 수 있느냐가 문제죠. 혹자는 말로 표현할 수 있으면 알아들을 수도 있기 때문에 말하기를 먼저 배워야 한다고 주장합니다. 반대로, 먼저 듣기 훈련부터 해서 알아들을 수 있도록 해야 하며, 그런 연후 이것저것 많이 듣다 보면 말문도 트일 것이라고 주장하는 사람도 있습니다.

그녀 닭이 먼저냐 달걀이 먼저냐와 같이 답이 없을 것 같은데요.

나 제 경험에 의하면 먼저 내가 말로 할 수 있는 표현이라도 원어민이 발음하면 못 알아들을 수가 있습니다. 예컨대, 회화책 등의 대사를 외워서 말로 표현할 수 있잖아요. 그런데 그것들을 원어민이 본토 발음으로 말하면 못 알아들을 수가 있어요. 그것은 우리가 배운 소위 사전식 단어별 구분 발음과 다르게, 즉 각종 발음 현상을 적용하여 말하기 때문입니다.

그녀 아, 인터넷에서 보았는데 모 연예인이 회화 학원을 엄청 많이 다녀서 회화를 아주 잘하고 영어공부에 관한 책도 여러 권 썼대요. 그런데 미국의 유명 연예인이 방한하여 함께 방송에 출연하게 되었는데 가만히 서 있기만 했다네요. 나중에 물어보니까 영어 회화를 학원에서만 배워서, 상대방이 하는 말을 제대로 알아듣지 못해서 그랬답니다.

나 그럴 수도 있겠군요. 그것은 아마 학원 강사가 수강생이 알아들을 수 있도록 천천히 또박또박 발음하며 회화를 가르쳐서 그랬을 것입니다. 그런 걸 배려 영어라고 하죠. 어쨌든 회화를 배워서 말을 잘하더라도 실제 상황에서 원어민 말소리는 못 알아들을 수도 있다는 것을 방증하는 한 사례가 되겠네요.

그녀 듣기와 읽기의 관계는 어떤가요? 우선 글을 읽을 수는 있어도 그것을 원어민이 말로 하면 알아듣지 못하는 문제는 우리나라 사람들 대부분이 가지고 있는 고질병이죠.

나 맞아요. 예컨대, 알아듣지 못해서 틀린 토익 리스닝 문제의 스크립트를 보고 단어도 문장도 다 아는 쉬운 것이어서 황당해하는 사람 많죠. 하지만, 읽기를 잘하면 듣기 연습하기가 훨씬 수월할 것입니다. 우리와 다르게 발음하는 방법에 대하여만 귀로 익히면 될 테니까요.

그녀 반대로 듣기를 잘하면 읽기도 잘할 수밖에 없을 것 같아요. 읽기를 잘한다는 것은 의미 단위로 끊어 읽으며 직독 직해할 수 있다는 거잖아요. 그런데 듣기를 잘한다는 것 역시 의미 단위로 끊어 직청 직해할 수 있다는 거고요. 그러니까 직청 직해가 되면 직독 직해도 잘 되겠죠. 또한 같은 내용을 말로 듣는 것이 글로 읽는 것보다 편하고 수월한 것은 당연한 거겠죠? 예컨대 오디오 북으로 듣는 게 읽는 것보다 훨씬 편하잖아요.

나 그리고 알아들을 수 있다는 전제 조건이 붙습니다만, 읽을 때는 읽는 사람이 끊어 읽을 곳을 찾아내며 읽어야 하지만, 들을 때는 화자가 의미 단위로 끊어서 주요 부분에 강세까지 주며 말하기 때문에, 읽기보다 듣기가 수월할 것입니다.

그녀 그런데 알아듣기가 잘 안 되는 문제가 있죠?

2. 영어가 안 들리는 이유

나 그렇습니다. 그럼 우리나라 사람들이 영어 알아듣기를 못하는 가장 큰 이유는 무엇일까요?

그녀 글쎄요. 원어민 강사가 수강생을 배려해서 천천히 또박또박 발음하며 말할 때는 좀 알아듣겠는데 영어방송, 드라마, 원어민 간 대화 등은 하나도 안 들리다시피 해서 솔직히 무엇 때문인지 이유도 잘 모르겠어요.

나 그것은 무엇보다 각종 발음현상을 적용하여 말하는 원어민들의 소리를 식별하여 듣지 못하기 때문입니다. 예컨대, [은 풔너데], [게라러 이여]라는 말을 듣고, 각각 in front of the, get out of here로 식별하지 못하기 때문입니다.

그녀 그러니까 단어들을 그런 식으로 뒤섞어서 발음하니, 알고 있는 단어들로 하는 말이라도 그냥 쏼라쏼라고만 들린다는 말씀이시죠?

나 맞습니다. 연음, 생략, 동화, 약형 등등 이런저런 발음현상들을 적용하여 말하기 때문입니다. 발음기호의 음가에 대하여도 잘못 알고 있는 경우가 적지 않은데, 이것도 듣기 방해 요인으로 작용하죠. 이따가 제가 드릴 USB의 동영상 강의에서 실제 원어민 소리를 들려주며 설명한 것입니다만, 방금 얘기한 in front of the가 [은 풔너더]로 발음되는 것을 가지고, 발음기호와 발음현상 몇 가지에 대하여 설명해 볼게요. 강세가 없는 in의 i는 애매발음인 [으, ə]로 발음됩니다. front에서 r은 혀끝을 위로 올리되 입천장에 대지 않고 발음하여 거의 [우]처럼 들리고, 단어 끝에 nt가 와서 t는 발음하지 않고 n이 뒤 단어에 연음됩니다. of는 여기에서처럼 그냥 [어]로만 발음하는 경우가 많아요.

　get out of here에서는 get과 out의 끝자음 t가 모두 모음 사이에 끼여 단타 발음, 즉 혀끝으로 입천장을 살짝 때리는 식으로 발음되면서 뒤에 오는 단어와 연음됩니다. 또 of는 역시 [어]로만 발음되어 이들을 합하면 [게라리]로 들립니다. here는 어두 h음이 생략되어 [이어]로 들리고요.

그녀 r이 [우]처럼 들리고 of에서 f 발음을 아예 하지 않는 경우가 많다는 얘기는 제겐 금시초문인데요.

나 아마 그러실 겁니다. 이와 같은 발음현상들을 광범위하게 적용하는 원어민의 발음은 우리가 배운, 솔직히 말해서 제대로 배운 경우도 드물지만, 단어별 발음과 차이가 많이 납니다. 그래서 그러한 발음현상에 대하여 귀로 익히는 연습 과정을 거치지 않으면,

	영어 소리를 제대로 알아들을 수 없어요.
그녀	맞아요. 요즘엔 어떤지 모르겠지만, 제 경우 영어 듣고 말하기에 대하여 제대로 배운 적이 중고등학교는 물론 대학교 때도 없었어요.
나	말하기도 마찬가지예요. 발음현상은 가능한 한 힘을 덜 들이고 쉽게 발음하려고 하는 과정에서 자연스럽게 생성된 현상이라고 합니다. 그래서 우리가 말을 할 때도 발음현상을 적절히 적용해야 부드럽게 그리고 제 속도를 내어 말할 수 있어요. 사전에 써 있는 발음 방법대로 단어별 구분 발음하면서 말하면 말하기도 어려울 뿐만 아니라, 원어민에게는 오히려 어색하게 들리고, 아예 잘 알아듣지 못하는 때도 많습니다.
그녀	아, 그러고 보니 제가 고등학교 땐가, 팝송을 처음 배울 때, 아는 언니가 해 준 얘기가 바로 발음현상과 관련이 있는 것 같아요. 제가 아무리 연습해도 팝송을 잘 따라 부를 수가 없어서 왜 그런지 물었습니다. 그랬더니 가사를 보고 학교에서 배운 대로 발음을 하며 따라 부르려고 해서 그렇다고 하더라고요. 미국인들은 그런 식이 아니라 단어들을 뭉뚱그려서 그리고 구렁이 담 넘듯이 부드럽게 발음한대요. 그래서 말이 빠른 거래요. 영어 사전의 발음 방법으로 단어별 구분 발음해서는 그 속도를 따라잡을 수가 없대요. 그러니까 차라리 가사를 아예 모르는 상태에서 소리만 들으며 그대로 흉내 내며 따라 해야, 오히려 더 잘 부를 수 있을 것이라고 했어요.
나	발음현상을 적용하여 하는 말에 대하여, 뭉뚱그려 구렁이 담 넘듯이 발음한다는 표현, 적절한 묘사인 것 같아요. 맞아요. 팝송

부르거나 대화할 때도 그렇고 영어책 낭독할 때도 마찬가지로 발음현상을 적절히 적용해서 발음해야 자연스럽게 잘 됩니다.

참, 팝송 얘기하니까 저도 생각나는 게 하나 있어요. 'Without you'라는 팝송에 'I can't live'라는 구절이 있는데, 제가 20대 때 이 부분을 [캐ㄴ~리]라고 듣고 그렇게 발음하며 따라 부르곤 한 적이 있어요. 제가 왜 이렇게 알아들었는지 설명해 볼게요. 먼저 강세가 없는 어두 I는 거의 구강 모양만 발음 형태를 취했다가 바로 강세가 있는 can't 발음으로 넘어가기 때문에 아예 알아듣지 못했고요. can't live에서 단어 끝 파열음과 마찰음인 t와 v는 파열과 마찰이 일어나기 직전까지만 발음, 즉 비파열, 비마찰 발음하여 역시 잘 알아듣지 못해서 그냥 [캐ㄴ~리]로 들렸던 것입니다.

그녀 재미있네요. 저도 하나 생각나는 게 더 있어요. '하얀 전쟁'이라는 우리나라 영화에서 아이들이 'son of a bitch'라는 욕을 [산 넘어 배추]라고 발음하며 미군을 놀리는 장면이요. 웁스! 이건 적절한 사례가 아닌가? 그런데 발음현상에 관하여는 저도 책을 사서 연습해 보긴 했었는데, 죄송하지만 별로 재미를 보지 못했는데요?

나 그러셨군요. 저도 그에 관한 국내외 서적을 몇 가지 사서 보았습니다. 그런데 문제는 듣기 연습용으로 제공하는 오디오 파일들이 대부분 스튜디오에서 녹음한 것인데, 실제 영어방송 등의 말소리보다 발음현상 적용 정도도 약하고 속도도 느립니다. 이런 것들로는 아무리 연습해도 실제 방송 또는 원어민의 소리 알아듣기에 거의 도움이 되지 않아요. 또 연습용으로 실제 영어 뉴스를 이용하는 학습서도 있긴 한데, 내용이 철 지난 토막 뉴스라 재미가 없어서 지속적인 학습 동기 유발이 잘 안 되는 한계가 있어요. 뉴스는 미드 등보다 비교적 또박또박 발음하기도 하고요.

그리고 무엇보다 그것들로 학습한 다음에 거쳐야 할 연습 로드맵을 제시하지 않은 것이 가장 큰 문제죠. 그런 발음현상 학습은 준비 운동에 불과해서 그것만으로는 아무런 의미가 없다고 해도 과언이 아닙니다. 그것을 바탕으로 해서 실제 방송 등을 보고 들으며 소리식별력을 강화하고 구어 영어 어구나 표현도 익히는 과정을 밟아 나아가야 합니다. 그런데 그에 관한 방법도 자료도 제시해 주지 않아 그렇게 할 수 없으니, 영어 듣기 실력이 향상될 수 없는 거죠.

토익이나 토플 리스닝 시험에서 만점을 받고도 실제 방송은 잘 알아듣지 못하는 사람이 꽤 많다고 하잖아요. 이런 경우도 역시 시험용으로 녹음한, 그래서 실제 소리보다 발음현상이 제한적으로 적용되고 속도도 상대적으로 느린 리스닝 문제만 열심히 듣는 식으로 공부하고 끝냈기 때문일 것입니다.

그녀 말씀 듣고 보니 발음현상이 영어 듣기 정복의 초기 최대 장애물인 것 같네요.

나 그렇습니다. 그런데 아직도 많은 사람이 그러한 사실에 대하여 인식조차 못 하고 있는 것 같아요. 그래서 듣고 말하기 공부를 별 소득도 없이 시간만 허비하는 잘못된 방법으로 하고 있고요. 참고로 말씀드리자면, 제가 발음현상 연습할 때, 미국의 에드먼드 대학교와 워싱턴 대학교의 ESL 교육 프로그램 교수들이 쓴 『Sound Advantage: A pronunciation book』(Prentice Hall Regents)와 『Sound Advice: A basis for listening』

(Longman), 캘리포니아 대학교 등의 음성학 및 ESL 교육 프로그램 교수 3인 공저인 『Teaching pronunciation: A reference for teachers of English to speakers of other languages』(Cambridge University Press) 등을 주로 참고했습니다.

 제가 참고한 서적들을 저자의 직업까지 들먹이며 이렇게 장황하게 말씀드리는 데에는 특별한 이유가 있어요. 방금 말씀드린 3인 공저에도 언급되어 있지만, 발음현상에 대하여 설명하면, 적지 않은 비영어권 사람들이, 특정 집단에서나 쓰는 발음을 가르치는 것 아니냐고 오해한다고 합니다. 우리나라에서도 발음현상에 대하여 그런 식으로 설명하며, 배울 필요가 전혀 없다고까지 주장한 저서가 있어요. 그래서 발음현상은 원어민들이 말할 때 일상적으로 적용하는 것이기 때문에, 미국 내 대학교 등의 ESL 프로그램에서도 가르치고 있다는 것을 강조하기 위해 그런 원서들에 대하여 언급한 것입니다.

3. 까막귀 코리안 까막눈 멕시칸

그녀 그렇군요. 그럼 어떻게 해야 하죠? 영어를 알아들으려면 무엇보다 먼저 발음현상부터 익혀야 한다는 말씀에 전적으로 공감합니다. 제 남편이 어휘도 많이 알고 어려운 원서도 술술 잘 읽는데, TV를 시청할 때 보면 잘 안 들린다고 투덜대는 경우가 많았어요. 반면, 미국 체류 당시 초등학교 1학년이던 우리 큰애는 어휘, 문법, 독해 실력 모두 제 아빠에 비해 턱없이 부족할 텐데도, 듣기도 말하기도 모두 잘했어요.

나 우리 집 애들도 마찬가지였습니다. 미국에 갈 때 각각 여섯 살과 초등학교 1학년생이었는데, 출국 전에 영어공부를 시킨 적이 없어요. 그럼에도 초반 서너 달 정도까지는 각각 어린이집과 학교에서 다른 애들과 어울리지 못하고 겉도는 것 같더니, 그 이후에는 제법 잘 적응하는 것 같더라고요. 1년 정도 지나니까 둘 다 영어 듣기를 나보다 훨씬 잘하는 것 같았어요. 귀국 후에 Disney Channel, Cartoon Network, Nickelodeon 등 위성 방송 미국 채널의 방송들을 몰입 시청하는 모습을 보면 신통하기까지 했어요. 그런데 나는 잘 알아듣지를 못해서, 함께 보는 척하다가 슬그머니 자리를 뜨기 일쑤였죠. 영어 학원에 안 다녔는데도 듣기 등의 시험 성적은 항상 만점 수준이었어요. 문법 문제가 한 개 정도 틀려서 점수를 좀 깎아 먹는 경우가 아주 가끔 있긴 했지만요.

그녀 제가 미국에 있을 때 다니던 Adult school에 멕시코 출신인 사람들도 많이 다녔어요. 그런데 그분들 중에 듣고 말하기는 원어민 뺨치는 수준인데 페이퍼 시험을 치를 때 보면, 어휘나 문법에 대해서는 우리나라 중학교 저학년 수준만도 못 한 분들이 꽤 있더라고요. 아예 알파벳도 모르는데 말은 청산유수인 사람도 있고요. 반면, 우리들은 대부분 그들과 정반대로 페이퍼 시험을 보면 거의 매번 만점을 받는데, 듣기와 말하기는 까막귀와 말더듬이 수준이었습니다. 서로 상대방이 이상하다고 여기는 거죠, 뭐.

나 얼마 전 국내 영어방송에서 들었는데, 부산의 한 대학교를 졸업하고 뉴질랜드로 이민 가서 십여 년 만에 성공한 청년 얘기였어요. 이민 갈 때 영어 의사소통을 전혀 못 했는데, 한국인은 아예 없고 주로 원주민만 사는 곳에 정착하게 되었답니다. 그런데 그들은 통용어가 영어라 당연히 영어 의사소통엔 전혀 문제가 없는데 대부분 읽고 쓰기를 못했대요. 우리나라에서 무학인 옛날 어르신들 우리말 읽고 쓰기를 못하신 것과 같은 경우죠. 반면, 이 청년은 예의 우리나라 대졸생처럼 의사소통은 못 해도 읽기는 어느 정도 가능했답니다. 그래서 서로 못하는 부분을 보완해 주는 방법으로 공부를 해서 단기간에 영어 의사소통을 할 수 있게 되었다네요. 그런 과정을 거쳐 10여 년 만에 사업에도 성공했고요.

그녀 재미있네요. 아마 우리 아이들과 그 멕시코인이나 뉴질랜드 원주민들은 처음부터 발음현상들이 적용된 말들로 듣고 말하기부터 익힌 반면, 우리는 단어, 문법, 독해 위주로 공부하면서 단어별 발음 방법은 좀 배웠는지 몰라도, 발음현상이 적용된 말을 듣고 발음하는 연습은 할 기회가 거의 없어서 그런 것 같아요.

나 그렇죠. 그들은 우리처럼 사전식 단어별 발음을 먼저 배운 것이 아니고, 애초부터 발음현상이 적용된 말로 의사소통하며 익혔기 때문이죠. 그런데 우리들은 그들과 같은 방법으로 영어를 습득할 수 없습니다. 그래서 주로 영어방송 등의 소리를 듣고 따라 하는 방법으로 익혀야 하는데, 문제는 눈으로 보면 아는 어휘·어구나 문장일지라도 그것을 원어민이 말로 표현하면 도통 알아듣질 못한다는 것입니다.

그녀 그들의 경우 듣고 말하기를 익히기에 앞서 문법, 단어, 독해 등을 먼저 공부하지 않는 점도 우리와 다른 것 같아요. 외국인이 우리말 배울 때나 우리나라 사람들이 중국어나 일본어 배울 때는 그렇지 않은데, 유독 우리가 영어를 배울 때만은 어휘, 숙어, 문법, 독해 위주로 공부해서, 정작 중요한 영어 듣고 말하기를 제대로 못 한다는 얘기를 들은 적이 있어요.

나 맞아요. 아이가 말을 배우는 과정도 많이 들은 다음에 말문이 터지는 식이잖아요. 읽기는 학교에 들어가서나 배우고요. 또 문법은 그 한참 후에나 공부하죠.

그녀 어쨌든 간에 우리나라 사람들 중에 특히, 중고등학교 때, 단어, 숙어 등을 외우고 문장을 문법적으로 분석하며 해석하느라고 고생하지 않은 사람이 얼마나 될까요? 그토록 어렵게 배운 것들을 단지 발음현상 때문에 소리로 들으면 못 알아들어서 헤매고 있다니. 아깝기도 하고 안타깝기도 합니다.

나 우리 아이들은 물론 아까 말씀하신 외국인들도 어휘력, 문법 지식, 독해력 등은 우리에 훨씬 못 미칩니다. 우리가 기왕에 알고 있는 그런 어휘, 어구 등이 대화 중에 소리로 발음되는 것을 식별해 낼 수만 있게 된다면, 우리가 그들보다 영어를 못할 이유가 없죠. 솔직히 그들이 구사하는 영어는 단순한 서바이벌 생활영어 수준밖에 안 됩니다. 하기야 우리들은 그런 수준의 의사소통조차 제대로 못 하는 게 문제지만요.

그녀 저의 경우 영어공부를 고등학교 때까지는 열심히 했지만, 대학교 들어가서는 1학년 때 원서 강독인가 하는 전공 기초 과목 수강한 거 이외에는 없어요. 졸업 후 바로 결혼을 해서, 남들 다 하는 취업 준비를 위한 토익 시험 공부 같은 것도 해 보지 않았어요. 그런데도 어휘나 문법 실력만큼은 멕시코 수강생들보다 제가 훨씬 더 나았어요.

나   오래되었더라도 중고등학교 때 배워 놓은 게 어디 가나요? 그 고생해서 배운 것이 아까워서라도, 사장 시키지 말고 되살려 실제 생활에서 써먹을 수 있도록 해야 하지 않겠어요? 그러기 위해서는 우선 발음현상부터 익혀야 하는데 다행히도 그런 현상들은 일정한 규칙성을 가지고 있어요. 그래서 그에 대하여 실제 영어 소리를 이용하여 귀로 좀 익히면, 어렵지 않게 그 걸림돌을 넘어설 수 있습니다.

4. 발음현상 소리식별이 디딤돌

그녀   그래도 발음현상에 규칙성이 있다니 다행이네요. 그럼 그걸 어떻게 하면 귀로 익힐 수 있나요?

나   마침 제가 발음기호와 발음현상에 대한 동영상 강의 자료를 만들어 놓았어요. 먼저 이걸로 발음기호별 발성 방법과 발음현상에 대하여 학습합니다. 그런 다음에 이를 기반으로 유튜브의 국내외 영어학습 강좌, 본토발 네이티브 영어채널 등과 학습지원 기능들을 이용하여 듣고 말하기를 배우고 익히면 됩니다.

그녀   유튜브가 영어공부에 크게 도움을 주는 것 같네요. 영어 콘텐츠도 학습지원 기능도 다양해서요. 섀도잉이 듣고 말하기 실력 증진에 도움이 된다고 하던데 어떻게 하는 거죠?

나   한두 단어의 시차를 두고 방송 등의 말을 성대모사하듯 소리 내어 따라 발음하는 것입니다. 발음현상, 음소 발음, 발성, 호흡, 강세, 리듬 등까지 모두 똑같이요. 섀도잉을 많이 하면 영어 발음과 듣기 실력이 증진되고 그에 따라 자신감도 배가될 것입니다.

그녀 섀도잉을 제대로 하려면 발음현상과 발음기호 발음에 대하여 먼저 알아야 되겠네요.

나 맞습니다. 그래서 맨 처음에 그에 대하여 연습합니다. 먼저 발음기호 음가에 대하여 구강 단면 애니메이션과 동영상으로 조음기관과 입의 움직임을 눈으로 확인하면서 소리를 들을 수 있는 사이트(sounds of speech uiowa와 Eric Armstrong's voice & speech source)를 활용한 저의 동영상 강의로 익힙니다. 나중에 방송 듣다 보면 아시겠지만, 발음기호 음가 식별력은 듣기와 말하기에서 가장 기초적이고 필수적인 능력입니다.

　그런 다음에는 제가 실제 영어방송에서 발췌한 소리 파일들을 들려주며 17가지 발음현상에 대하여 설명한 강의를 수강하며 소리식별에 대한 기본기를 갖춥니다. 강의에서 들려주는 원음 소리 파일들이 발음현상을 다양하게 적용하여 말한 부분을 발췌한 것이라 처음에는 식별하기가 만만하지 않을 것입니다. 제가 하는 설명을 듣고 스크립트를 보면서 들어도 잘 식별이 안 되는 부분이 있으면, 원음 소리 부분을 되감기, 속도조절 등의 기능을 활용하여 반복해서 듣고 섀도잉도 해 보면서 익히세요. 그리고 소리식별이 된 다음에도 귀에 익숙해질 때까지 원음 소리 부분을 가능한 한 많이 반복해서 들으세요.

　그다음에는 이를 기반으로 아까 말씀드린 바와 같이 다양한 유튜브 채널들과 각종 학습지원 기능을 이용하여 단계별로 영어 듣고 말하기 연습을 하는 과정이 있습니다. 이에 대하여는 우선 자료를 먼저 드릴 테니까 시간 나면 일별해 보세요. 그에 대한 설명은 나중에 자세히 해 드리겠습니다. 그럼 제 동영상 수강

마치면 바로 연락 주세요. 그에 대한 리뷰도 하고 다음 단계들에 대한 얘기도 해 드릴게요.

그녀 알겠습니다.

발음기호와 발음현상 동영상 강의 파일이 담긴 USB, 그리고 단계별 유튜브 채널들과 각종 학습지원 기능 및 이들의 유기적 활용 방법 등에 대한 설명 자료를 건네주고 귀가하였다.

III. 발음현상 소리식별 워밍업 리뷰

정확히 2주일 후인 금요일 오후에 그녀로부터 전화가 왔다.

그녀 안녕하세요? 그동안 잘 지내셨죠? 다름 아니고 소리식별 연습이 끝나서 전화 드리는 겁니다. 오늘은 어디서 뵙죠? 오늘도 저녁 무렵에 저희 집에 오시겠어요?

나 아무래도 그래야 되겠네요. 왜냐하면 피드리더에 가입하여 영어 유튜브 채널 팔로우 정보 파일을 업로드시켜 드리고 컴퓨터와 스마트폰으로 활용하는 방법도 알려 드려야 하니까요.

오늘은 나의 소리식별 동영상 강의를 수강하며 연습한 결과에 대한 리뷰부터 하기로 했다.

나 어땠나요? 강의를 들어 보니까 제가 전번에 말씀드린 방법으로 연습하면 영어 실력이 늘 것 같은 느낌이 들던가요? 먼저 총평부터 해 주시고 다음에는 발음현상별로 어려웠거나 문제가 있는 부분이 있으면 이야기해 주세요.

그녀 그런데 실제 방송에서 그런 식으로 발음현상을 적용하여 말하는 경우가 많은가요? 그게 사실이라면, 제가 그동안 영어를 왜 알아듣지 못했는가가 명백히 밝혀진 겁니다.

나 물론이죠. 실제 방송이나 영화에서 또는 원어민 사이에서 주고받는 말들이 모두 다 그런 식으로 발음합니다.

그녀 그렇군요. 이제 원인도 알고 처방전도 치료 약도 모두 구했으니 영어 정복은 단지 시간문제일 뿐이겠네요.

나 다소 쓴 것도 포함되어 있는 치료 약을 처방전에 따라 성실하게 복용하시면 당연히 그럴 것입니다.

그녀 그럼 먼저 제가 선생님 동영상 강의 파일을 어떻게 공략했는가 부터 말씀드릴게요. 먼저 자음과 모음 발음기호에 대하여 연습하였습니다. 선생님 동영상 강의를 발음기호 설명 자막도 참고하면서 듣고 또 구강의 움직임을 흉내 내며 발음도 해 보았습니다.

나 발음기호 발음 방법은 영어학습 초기 단계에 익혀야 할 기본 역량이라고 할 수 있습니다. 그렇지만 평소에 관심이 별로 없었으면 공략하기가 쉽지 않았을 것입니다.

그녀 발음현상 강의는 각각의 소리 파일에 대하여 먼저 스크립트 보여 주지 않으며 3회, 보여 주며 3회, 이어서 파일 내 발음현상 적용 구간별로 발음현상 설명 전후 각각 3회, 마지막으로 다시 파일 전체 3회를 들려주는 식으로 체계적으로 구성되어 있더군요. 동영상들은 발음현상별로 각각 20분 전후짜리고요.

연습은 발음현상별로 하였는데, 먼저 동영상 강의 17개 전체를 2회 정도 쭉 듣고 나서 동영상별로 꼼꼼히 공략하였습니다. 발음현상에 대한 선생님 설명을 듣고 스크립트를 보며 들어도 식별이 잘 안 되는 부분이 있으면, 속도를 느리게 하여 반복해서 듣고 섀도잉해서 어떻게 발음하는지 식별한 후, 다시 정상 속도로 수차례 더 시도해 보는 식으로 익혔습니다.

    그리고 쉬운 부분도 가리지 않고 원음 소리 부분은 모두 여러 번 들으며 단어 하나하나 모두에 대하여 어떻게 발음하는지 소리를 확인 및 식별하였습니다. 또 발음기호 발음 방법에도 신경을 써 가며 큰 소리로 구간 및 문장별로 섀도잉해 보기도 하였습니다. 어려운 부분은 수십 번 시도해야 섀도잉이 되고 소리식별도 가능한 경우도 있었어요.

나   좋습니다. 초보자의 경우 발음현상을 적용하는 부분이 아니더라도, 말 속에서 단어나 어구들이 실제로 어떻게 발음되는지 반복해서 듣고 따라 발음하며 익힐 필요가 있습니다.

그녀   이런 식으로 일주일간 전체 강의를 순서에 따라 모두 수강한 다음에, 다시 다음 1주일간 같은 방법으로 두 차례 더 복습했습니다.

나   실제 방송에서 상대적으로 듣기가 난해한 부분을 발췌한 소리들이라 그렇게 만만하지 않았을 텐데 잘하셨습니다. 그런데 제가 영어 전공자도 전문 강사도 아니고 당시 아직 마스터하지도 않은 때 만든 강의라 좀 버벅거렸는데도 잘 소화하셨네요.

1. 발음기호

그녀   솔직히 그런 면이 아주 없지는 않았지만, 그래도 상당히 잘하시던데요. 그리고 강의에 활용하신 프로그램이나 자료들이 훌륭해서 발음기호와 발음현상을 눈과 귀와 입으로 제대로 익히기에 더없이 좋았습니다.

나   지금 다시 강의 동영상을 촬영하면 더 매끄럽게 잘할 수 있을 것 같은데, 초보자가 어려워하는 부분을 짚어 주는 측면에선 오히려 더 못할 것 같아요. 왜냐하면 그 당시에는 저도 배우는 과정인 때라 초보자의 취약점이 무엇인지 알고 강의했기 때문입니다.

그녀 그럴 수도 있겠네요. 그럼 지금부터는 각론으로 들어가겠습니다. 먼저 애니메이션과 동영상으로 혀, 구강, 입 등의 움직임을 눈으로 확인하며 발음기호 음가를 귀로 확인할 수 있는 거, 그야말로 압권이었습니다. 특히, [t]와 [d], [l]과 [r], [f]와 [v], [θ]와 [ð], [s]와 [z], [ʃ]와 [ʒ], [tʃ]와 [dʒ] 등의 자음 발음 방법을 구분하여 확실하게 알게 되었어요.

나 그래요. 방금 말씀하신 발음기호의 음가들을 잘 익혀 놓으면, 말하기는 물론 듣기에도 많이 도움이 될 것입니다. 앞으로 영어방송 등을 보고 들으며 연습하다 보면, 소리식별을 어렵게 하는 그런 발음기호의 발음들을 종종 만날 것입니다. 이에 대해서는 강의에서 배운 기본기를 기반으로 하여 스스로 확인하며 귀와 입에 익숙해지도록 하세요.

그녀 [r]음이 반모음이라고 했잖아요. 우리나라 책에서 보면 [r]음을 [l]음과 구분하는 방법에 대하여만 언급하고 있던데, 그보다는 [w]음과 더 가까운 것 같아요. 예를 들어 from과 front가 각각 [ㅍ웜]과 [ㅍ원ㅌ]로 들리잖아요?

나 [r]음이 없는데 발음하여 원어민이 무슨 말인지 알아듣지 못하는 경우도 본 적이 있습니다. 예컨대, bus[bʌs]에서 [ʌ]를 발음할 때나 idea[aidíːə]에서 [ə]를 발음할 때, 혀끝을 긴장을 풀고 위쪽으로 약간이라도 올리면서 발음하면, 쉬운 단어임에도 불구하고 원어민이 무슨 말인지 수차례 되묻는 것을 보았어요.

이것은 혀를 약간 올림으로 인해 [r]음이 있는 것으로, 즉 [bʌrs] 나 [aidíːər]로 들었기 때문입니다. 발음할 때는 r과 l음이, 들을 때는 r과 w 소리가 각각 서로 어떻게 다른가에 주의를 기울여 보세요.

그녀 L을 어떤 때 혀끝을 입 밖으로 내밀면서 발음하는지 우연히 알았습니다. 예컨대, love 같은 단어를 애정을 듬뿍 담아 말할 때 그런 식으로 발음하는 경향이 있다고 합니다. 모음은 소리 차이를 구분하기 쉽지 않은 것들이 꽤 있었고요. 이중모음을 단모음식으로 발음하는 대표적 예는 I'm을 [아임]이 아니라 [아ㅁ]으로 발음하는 것 아닐까요?

나 모음은 모두 혀의 앞부분을 아랫잇몸에 내려놓은 상태에서 바람을 목 안으로부터 입 밖으로 내면서, 입의 벌림, 구강의 긴장, 입술의 내밀기 등의 정도를 달리하며 각각의 소리를 만들어 냅니다. 그래서 유사한 이웃 모음 간에는 구별이 잘 안 될 수 있습니다. 또 나중에 실제 방송 소리를 듣다 보면 아시겠지만, 강세가 없는 약모음들은 대부분 애매하게 [어, ə] 또는 그보다 더 약한 [으, ə]로 발음하여 소리식별하기가 난해할 때가 많습니다.

2. 연음, 단타 발음 및 변화무쌍한 t와 d

그녀 연음 현상에 대하여는 얘기도 많이 듣고 또 테이프를 들으며 연습을 해 본 경험도 있어요. 그래서 자음으로 끝나는 단어 다음에 모음으로 시작되는 단어가 오면 두 단어를 붙여서 발음하는 것이라는 정도까지는 알고 있었는데, 그렇게 간단하지가 않은 것 같더군요. 특히, 단어의 일부가 잘려서 다른 단어에 붙여 발음될 때, 전치사와 같이 길이가 짧은 단어들이 연음될 때 식별하기가 많이 어려울 것 같아요.

나   연음 발음은 원어민들이 말할 때 정도의 차이는 있지만 수없이 많이 합니다. 그리고 말씀하신 대로 전치사처럼 철자 수가 적은 단어가 이웃 단어에 붙어 연음될 때; 끝 파열음, 끝 겹자음, 어두 약모음 또는 약음절 등이 분리되어 다른 단어에 붙어 연음될 때, 다른 발음현상과 맞물려서 연음될 때 등의 경우 단어 사이의 경계를 식별하기가 어렵죠. 또 강모음은 강하고 길게 발음하는데, 이렇게 발음하는 부분이 있는 단어가 다른 단어와 연음될 때에도, 단어 간 경계를 식별하기가 쉽지 않습니다.

그녀   단타 발음에 대하여 용어 자체는 여기에서 처음 접했지만 computer, water 등과 같이 모음 사이에 t가 오면 [r]로 발음된다던가, to에서 t가 [d]에 가깝게 발음되는 경향이 있다는 정도는 알고 있었어요. 그런데 이보다 두 단어가 연음되면서 모음 사이에 끼이게 되는 끝자음 t나 d가 단타 발음되는 경우가 더 많은 것 같아요. 예컨대, get out of에서 t를 모두 [ㄹ]로 발음하여 [게라우러]로 들리잖아요.

나   와, 정말 열심히 공부하셨나 봐요. 말씀 한마디 한마디가 모두 정곡을 콕콕 집어내는 리뷰입니다. 단타 발음도 연음 못지않게 자주 하는 발음현상입니다. 그런데 정확히 말하자면, t나 d가 [r]로 발음되는 것이 아닙니다. [r]은 발음할 때 혀끝이 입천장 어디에도 닿지 않는다고 했잖아요. 그런데 단타 발음은 혀끝으로 입천장을 가볍게 때리며 내는 소리이거든요.

그리고 t나 d로 끝나는 단어 다음에, 특히 단어 길이가 짧고 모음으로 시작되는 기능어가 오면 거의 예외 없이 이들을 단타 발음하면서 연음 발음한다고 보면 될 거예요. 단타 발음은 원래 강모음과 약모음 사이에 오는 t와 d에서 발생하는 현상이기 때문입니다. 참, to에서 t는 [d]처럼 발음하기도 하지만, 그보다 혀로 잇몸을 가볍게 때리는, 즉 단타 발음할 때도 많아요.

그녀 당연히 열심히 했죠. 영어 듣고 말하기! 서바이벌 과제인데 어쩌겠어요. 그동안 그렇게 배우고 싶어도 방법을 몰라서 안절부절만 하고 있던 차였는데요. 그런데, 파열음, 특히 t와 d는 엄청 다양하게 발음되는 것 같아요. 혀끝을 우리말 티읕과 달리 윗니가 아닌 잇몸에 대고 발음한다는 것은 솔직히 여기서 처음 알았어요. 그래서 각각 [ㅊ]와 [ㅈ]가 섞인 것 같이 들리고, tree 등에서 [츄]로 발음되고 you를 만나면 [츄]나 [쥬]로 동화 발음되기 쉽다는 것도요. 또 생략, 비파열, 성문 파열, 비강 파열, 단타 등으로도 발음되잖아요.

나 말 그대로 변화무쌍하죠. 그런데 생략, 비파열 및 성문 파열 발음은 실제 들을 때는 구분하기가 쉽지 않을 거예요. 비파열 발음은 외부로 소리를 내는 파열 과정을 생략하는 것이고 성문 파열 발음은 성문만 파열하는 것이니, 듣는 쪽에서는 모두 생략한 것처럼 들릴 것이니까요. 그래서 성문 파열 발음을 아예 생략으로 설명하는 책도 있어요. 하지만 이와 같이 불완전하게 발음되는 것을 생략하는 것과 구분하여 식별해 내는 연습을 발음현상 공부할 때만이라도 열심히 해 두면, 듣기와 말하기 정복에 많은 도움이 됩니다.

그녀 d를 단어 끝에 붙여서 과거형을 만드는 동사를 발음할 때, 그 d를 비파열 발음하여 현재형처럼 들리는 경우도 종종 있는 것 같아요.

나 종종이 아니라 대부분 그런 것 같아요.

3. 기능어의 약형 발음 및 축약 발음

그녀 다음은 기능어의 약형 발음 차례죠? of를 [어]로도 발음하는 것은 이번에 처음 알았지만 좀 연습하면 어렵지 않게 식별할 수 있을 것 같았습니다. kind of와 out of에서 f가 생략된 발음 문자인 kinda와 outa가 통용되고 있다고 하셨잖아요. 저는 sns에서 out of를 outa로 쓴 글을 본 적이 있어요. 그런데 이 발음 문자는 kinda와 달리 사전에서 검색이 안 되더라고요. 알고 보니 쉬운 단어인데, 당시 뭘 뜻하는 단어인지 몰라서 헤맸던 기억이 납니다.

    우리말의 경우 국어학자들이 맞춤법 내지는 표준말을 정하여 공포하면 국민들이 그에 따라야 하는데, 영어에서는 새로운 또는 변형된 단어 등이 국민들 사이에서 통용되면 표준말로 공식화시켜 주는 방식으로 관리된다는 말을 들은 적이 있어요. outa도 머지않아 사전에 수록이 되겠죠?

나 전치사 of에서 [v] 발음을 생략하고 [ə]로만 발음하는 경우도 많지만, [v]를 약하게 또는 비마찰 발음할 때도 많습니다. 단, [ə]로만 발음되는 것을 알아들을 정도가 되면, 그와 같이 발음하는 것은 자동으로 식별이 될 것입니다.

그녀 그런데 기능어에서 어두 th음 또는 h음의 생략이나 and와 or

의 약형 발음을 식별하는 것은 난제 중의 난제 같아요. 생략 또는 약화되고 남은 부분이 대부분 짧은데, 이것을 다른 단어에 엉겨 붙여 발음하니, 식별이 어려울 수밖에. 제가 다녔던 Adult school의 강사가 한 이야기입니다만, 자기가 원어민임에도 식당에서 종업원이 soup or salad라고 하는 말을 super salad로 듣고, 새로운 종류의 샐러드가 나왔냐고 물어본 적이 있다고 하더라고요.

그리고 he, his, him 등에 대하여 [i], [is], [im] 등으로 약형 발음을 많이 한다고 하셨잖아요. 그런데 롱맨이랑 웹스터 사전에는 이런 약형 발음이 아예 먼저 소개되고, [h]음이 들어가는 발음은 뒤쪽에 언급되어 있더라고요. 이것은 h음이 생략된 약형 발음이 더 광범위하게 쓰인다는 것을 의미하는 거 아닐까요? 또 'em을 검색하니까 them의 발음 문자로 사전에도 올려져 있고요. 난제이긴 합니다. 이런 경우 완벽하게 소리를 식별하지 못하고, 그냥 전후 문맥상 그런 단어가 올 것이라고 인식 또는 유추하여 알아듣는 때도 많습니다. 단, 그것은 나중에 듣기 실력이 일정 경지에 다다른 후에나 가능할 거니까, 지금과 같이 연습할 때에는 열심히 식별을 시도해 보아야 합니다. 실력이 어느 정도 뒷받침되어야 문맥상 인식도 유추도 가능할 것이니까요.

혹자는 영어를 들을 때 강하게 발음되는 내용어, 즉 동사, 명사, 형용사, 부사 등만 알아들어도 내용을 이해할 수 있으므로, 잘 안 들리는 기능어를 들으려고 애쓸 필요가 없다고 주장합니다. 또 영화나 드라마는 잘 알아듣지 못하지만 뉴스는 좀 알아듣겠다는 사람들 중에 보면, 내용어 정도만 들리는데 배경지식 덕분에 내용을 그럭저럭 파악하는 경우가 적지 않습니다.

그러나 이런 식으로 듣기 연습을 하면 듣기는 물론 말하기 실력도 잘 늘지 않아요. 특히, 뉴스보다 기능어가 상대적으로 많이 나오고 또 이들에 이런저런 발음현상을 많이 적용하여 주변의 내용어 식별도 어렵게 하는 경우가 많은 드라마, 영화 등의 대화 소리 듣기 실력은 더욱 늘지 않을 것입니다. 왜냐하면 기능어가 식별이 안 되면 그와 어우러져 발음되는 내용어도 식별이 제대로 안 되니까요.

그러므로 어떤 기능어가 어떤 환경에서 어떻게 발음되고 있는가를, 적어도 소리식별 연습을 하는 기간에는, 정확하게 식별해 내기 위하여 노력해야 합니다. 이런 과정을 거치며 소리를 많이 접하다 보면, 굳이 기능어 소리식별에 신경을 쓰지 않더라도 기능어든 내용어든 식별이 잘 될 것입니다.

또 with, in, at, it, if, well, a, was, are, you 등도 식별이 잘 안 되는 때가 많습니다. 주로 아주 약하게 발음하거나 모음 부분을 애매하게 발음하기 때문이죠. 또 what, when 등과 같은 wh형 의문사들은 [h]음까지 발음하는 경우는 거의 없고, 나머지 부분에 대하여도 아주 약하게 발음하여 잘 들리지 않는 때가 많아요. 소리식별 연습을 할 때 이들에 대하여도 식별할 수 있도록 노력해야 합니다.

그녀 축약에서는 you're를 you 자체도 약하게 발음해서 식별해 내기가 어려웠던 것 같아요. 완료형에서 have 조동사는 그것이 포함된 동사구 전체를 통으로 한 단어처럼, 예컨대 should have been은 [슈렆빈], would have been은 [우렆빈] 등으로 식별하는 게 나을 것 같고요. 그리고 would나 had를 'd'로 축약 발음하면서 이 'd'까지 비파열 발음하여 식별이 잘 안 되는 때도 많은 것 같았어요.

나 완벽하십니다. 제가 더 이상 첨언할 게 없네요. 또 did나 didn't의 경우 어두의 d는 거의 구강 모양만 발음 형태를 취하고, 뒤쪽의 d는 비파열 또는 성문파열 발음하여, 단어 전체가 잘 안 들리는 때도 많습니다. 축약은 일반적으로 동사 어구에서 발생하는 현상인데요. 축약형으로 발음하면서 동시에 약하게 발음하기 때문에 식별이 용이하지 않은 경우가 많습니다.

그녀 gonna, wanna 등은 제가 팝송 들을 때 많이 들어서 그런지 어렵지가 않았습니다. 그런데 I'm gonna일 때 g음까지 생략하기도 하더군요.

나 무엇을 할 것이다 또는 무엇을 하려 하다를 의미하는 going to는 구어 영어에서 무진장 많이 나오는데, 거의 대부분 gonna[gənə]로 발음합니다. 이에는 못 미치지만 역시 자주 사용되는 want to도 대부분 wanna[wɔ́ːnə]로 발음하고요. 이밖에 got to, have to, try to 등도 축약시켜 발음하는 경우가 종종 있습니다.

그녀 not의 축약에서는 t음을 생략 또는 불완전 발음하여 식별이 잘 안 돼서, 긍정문인 것처럼 들리는 때가 많은 것 같아요. 예컨대, isn't, wasn't, weren't 등을 [이즌], [워즌], [워니] 등으로 발음하잖아요.

나 not을 축약하면 단어 끝 nt가 되어 대부분 t음이 생략되지만, can't에서는 t를 성문파열 발음하는 것에 주목하세요. can't와 can을 각각 [kæn]과 [kən]으로 발음한다고 말하는 사람이 많아요. 하지만 실제 영어를 듣다 보면 금방 아시겠지만, 후자도 [kæn]으로 발음하는 경우가 많습니다. 반면, 전자는 대부분 t음을 약한 파열 또는 성문파열 발음합니다.

4. 동화, 애매 및 구모 발음

그녀   동화는 t나 d를 발음할 때 혀의 위치를 정석대로 윗잇몸에 대고 하면 자연스럽게 그런 발음이 나오는 것 같아요. 약모음의 애매 발음은 기능어를 약형 발음할 때나 조동사 등을 축약 발음할 때 많이 나타나는 현상인 것 같았습니다. 구강 모양 발음의 식별은 적지 않은 내공을 쌓아야 가능할 것 같습니다.

나   you(r) 앞에 t나 d로 끝나는 단어가 오면, 이들 자음이 y음과 동화되어 각각 [tʃ]와 [dʒ]로 발음되는 경향이 있습니다. 이것은 말씀하신 대로 t와 d를 발음할 때 혀끝을 윗니가 아닌 잇몸에 대기 때문에, 특히 빠르게 말할 때 자연스럽게 일어나는 현상입니다.

    약모음이 포함된 기능어의 약형 발음은 거의 모든 영어 사전의 발음기호에 명시되어 있어요. 사람들이 사전을 볼 때, 그런 부분까지 신경을 쓰지 않기 때문에 또는 그런 기능어들은 이미 알고 있어서 사전을 찾아보지 않기 때문에 잘 모르는 경우가 많지만요.

    구강 모양 발음은 다음과 같은 발음현상에 대하여 제가 이름을 붙인 것입니다. 문장의 앞부분에 오는 단어나 어구에 또는 단어의 앞부분에 오는 음이나 음절에, 즉 문장이나 단어의 첫 부분에 강세가 없을 때, 이들을 잘 알아들을 수 없는 경우가 종종 있습니다. 이것은 소리를 밖으로 내지 않고 입 모양만 발음 형태를 취했다가 다음 발음으로 넘어가거나, 정상적으로 발음은 하는데 소리를 아주 약하게 내어서 그런 것입니다.

　구강 모양 발음은 철자에 대하여도 할 때가 있어요. 우리 막내가 유치원에 라이언이라는 친한 친구가 있다고 했는데, 나중에 알고 보니 브라이언이더라고요. 어두의 [b]를 입만 다무는 식으로 발음한 다음에 바로 [라]를 강세를 주어 발음해서 [라이언]이라고 들렸던 거죠. 또 a little이 그와 거의 반대의 의미로 쓰이는 little처럼 들릴 때도 많은데, 이것도 역시 a음에 대하여 바람을 입 밖으로 거의 내보내지 않고 입 모양만 [어] 발음 형태를 취했다가 little 발음으로 넘어가는 식으로 말하기 때문이죠. with, in, an, it, what 등의 기능어나 대명사도 강세가 없을 때, 그와 같이 구강 모양 발음을 하여 식별이 잘 안 될 때가 많습니다.

그녀 발음현상 학습하면서 느낀 건데요. 이거 모르면 소리식별을 못하는 문제도 있지만, 제대로 식별하고도 못 하고 있다고 생각할 수 있는 것도 문제일 것 같습니다. 예를 들어, 원어민이 발음현상을 적용해서 단어 끝 nt라 t 발음을 하지 않는데 또는 자음 앞 of에서 f음을 역시 발음하지 않는데, 본인 듣기 실력이 부족하여 이 발음이 들리지 않는다고 생각할 수 있잖아요.

나 정말 그럴 수 있겠네요. 자, 이제 발음현상 소리식별 강의 동영상 수강에 대한 리뷰를 마친 것 같은데요. 그런데, 실력이 왕초보였다는 말 정말입니까? 제 강의가 출중해서 그런 면도 있긴 하겠지만, 그래도 십여 일 만에 그 정도의 실력자가 되기는 쉽지 않을 것 같은데요. 대단하십니다.

그녀 그냥 이론적으로만 이것저것 알게 되어 제가 실력에 걸맞지 않은 말을 많이 했던 것 같은데요. 중요한 것은 귀와 입으로 완전하게 익히는 건데, 그 정도까지 되려면 앞으로 훨씬 더 열심히 연습해야 할 것 같습니다.

나 그렇긴 해요. 귀와 입에 익숙해지는 게 궁극 목적이고, 그렇게 되면 연음이니 단타 발음이니 하는 용어들을 알 필요도 없고, 영어를 들을 때 발음현상에 대하여 의식하거나 확인할 필요도 없죠. 하지만 아직 완전히 익히지 못했다고 너무 걱정하진 마세요. 앞으로 실제 미드, 영화, 애니 등을 활용한 발음식별 실습 동영상을 비롯하여 각종 영어방송 등을 수강 또는 시청하며 소리식별력을 강화하는 과정이 기다리고 있으니까요.

IV. 거꾸로 배우기
(Flipped learning)

1. 일단 뛰어내려라

그녀 그런데 발음현상 익히는 연습을 많이 해서 설령 소리가 모두 식별돼도, 영어방송 등을 제대로 알아듣고 이해까지 하려면, 중고등학교 때 배운 어휘·어구 실력만 가지고는 부족할 것 같아요. 또 졸업하고 한동안 영어공부를 하지 않았던 사람의 경우 그마저 대부분 잊어버렸을 것이고요. 그러니까 아무래도 어휘·어구 외우는 공부를 먼저 어느 정도 한 다음에 방송 듣기에 도전하는 것이 나을 것 같아요.

나 어휘·어구를 많이 알아야 하지만 별도로 따로 외울 필요는 없습니다. 이런 혁신 격언이 있습니다. "일단 뛰어내려라, 날개는 만들어진다(Jump off the cliff and build your wings on the way down.)." 일단 듣는 겁니다. 듣다가 모르는 단어나 어구가 나오면 그때그때 검색하여 익히고요. 서양에서는 수학 교육도, 거꾸로 학습(Flipped learning)의 일종이라고 합니다만, 그런 식으로 하는 경우가 있답니다. 우리나라에서 중등 수학은 기초 단계인 집합에서부터 시작하여 방정식, 함수 등등의 과정을 거쳐 확률, 통계, 기하 등 어려운 단계로 나아가는 방법으로 가르칩니다.

반면, 그들은 우리와 달리 어떤 현실적인 솔루션이나 과제를 놓고 그것을 함께 풀거나 이해시키면서, 그 과정에서 필요한 수학 이론이 있으면 그때그때 가르치는 방식으로 교육한다고 합니다. 예컨대, 실제 가전제품을 만들 때 응용되는 퍼지 이론을 대상 문제로 놓고, 이것을 이해시키면서 그때그때 필요한 수학 지식이 있으면 가르친다고 합니다. 단, 기본적인 가감승제 방법 정도는 초등 교육과정에서 배웠겠죠.

그녀 그런 수학 교육 방법에 대해서는 처음 듣는데 상당히 특이하네요.

나 그럼 과연 어느 방법이 더 흥미롭고 또 궁극적으로 더 쓸모가 있을까요? 먼저, 끝도 잘 보이지 않는 단계를 하나하나 밟아 나아가는 우리의 방법은 지루하고 중도 포기 가능성도 높지 않을까요? 반면, 그들의 방법은 무엇보다 흥미가 있고 또 기억도 잘 될 것이고요. 게다가 응용성 또는 실용성 측면에서도 그들의 방법이 더 나을 것임은 학생들의 수학 성적은 우리나라가 높지만 사회에 진출하여 이루는 관련 성과는 그 반대인 현실이 입증하는 것 아닐까요?

그녀 우리나라 사람들이 국제 수학 경시대회에서는 상을 많이 타는데, 정작 노벨상은 못 타는 것도 그것 때문인가 보네요. 아! 그 말씀 듣고 보니 그런 공부 방법에 대하여 저도 들은 적이 있어요. 제 친척 중에 미국의 명문 대학교 MBA 과정에 다니는 분이 있는데, 첫 학기 첫 수업부터 유명 기업의 사례연구를 한답니다. 그 과정에서 필요한 경영 이론 등이 있으면 그때그때 가르치고요. 우리나라에서는 무슨 개론, 각론 등등을 차례차례 섭렵한 다음에 마지막 단계에서 사례 연구를 하는 데 반해서요.

나   그렇군요. 영어학습 방법도 마찬가지입니다. 우리에게 실용상 우선적으로 필요한 것은 영어로 의사소통하는 것입니다. 그럼에도 어휘, 어구, 문법, 독해 등의 실력이 부족하면 듣고 말하기가 불가능하다면서, 듣기 연습은 시도조차 하지 않고 한도 끝도 없는 단어와 숙어 외우기에만 몰두하거나, 마치 영문법 학자가 목표인 양 고차원 문법 공부에 매달리고, 문장을 문법적으로 분석하여 독해하는 공부만 열심히 하는 학습자가 아직도 적지 않아요. 학교에서도 그런 내용 위주로 가르치고 있고요. 재미도 없고 실력 향상이 잘 체감되지도 않아서 쉽게 포기하게 할 뿐만 아니라, 실용영어 익히기에 거의 도움이 되지 않는다는 것이 수십 년간 온 국민의 경험에 의해 입증되었는데도 불구하고요.

그녀   수십 년 전인 1970년대에 나온 유명한 빨간 책 '영한대역문고'의 머리말에도 무엇보다 듣기가 중요하다고 써 있는 걸 본 적이 있어요.

나   우선 들어야 하는데요. 먼저, 방금 말씀드린 수학으로 보면 가감승제에 해당하는 기초 능력인 발음과 기본 문법에 대하여 연습하고 학습합니다. 어구와 구어 표현에 대하여도 워밍업 차원에서 일정 정도 학습합니다. 그런 다음에 본격적으로 영어방송 등의 듣기를 시도하는데, 스크립트가 있는 것들을 이용합니다. 그래서 소리식별이 잘 안 되는 부분이 있으면 스크립트를 참조하면서 듣습니다. 모르는 어휘·어구가 있으면 스크립트 화면에서 클릭 또는 블록 설정 사전 검색하여 익히며 해석하고 섀도잉도 해 보면서요. 그러다 보면, 소리가 식별되고 나아가 이해까지 되는 부분이 늘어나면서, 그동안 쏼라쏼라라고만 들려서 영어 소리를 들으려고만 하면 바로 졸음이 쏟아지거나 잡생각이 나던 현상이 사라지게 됩니다. 당연히 어휘, 어구, 표현 등의 실력도 함께 증진될 것이고요.

그녀 멀쩡하다가도 영어를 들으려고 헤드폰만 끼면 채 몇 분도 못 버티고 잠이 쏟아지는 현상이 저에게만 일어나는 게 아닌가 보네요.

나 말 그대로 잡음을 듣고 있으려니 누구라도 그럴 수밖에 없지 않을까요? 그건 그렇고, 그렇게 하여 소리식별과 내용 이해가 많이 되면 될수록 중독된 것 아니냐는 소리를 들을 정도로 영어 듣기에 흠뻑 빠져들게 될 것입니다. 새로운 세상이 열리는 희열을 온몸으로 느끼면서요. 그런데 당연한 얘기입니다만, 이러한 중독 현상은 보고 듣는 영어방송 등이 괜찮아야 더 잘 일어납니다. 내용이 재미있거나 유용, 유익한 지식 또는 최신 정보를 담고 있어야 합니다.

　기존 영어책에서 CD 등으로 제공하는 철 지난 토막 뉴스나 억지로 만들어낸 회화 대사들은 몰입 또는 중독을 유발하는 데 한계가 있을 수밖에 없습니다. 그런데 요즘엔 다양하고 무궁무진하고 싱싱한 영어방송 등이 유튜브로 서비스되어 컴퓨터는 물론 스마트폰으로도 즐길 수 있습니다. 스크립트 화면, 손쉬운 어휘·어구 검색, 한국어 번역 자막, 문장 반복 재생, 속도조절, 되감기 등의 기능도 활용하면서요. 제가 한창 열공할 때가 그리 오래되지 않았는데, 그때와는 비교할 수 없을 정도로 학습 환경이 좋아졌어요.

2. 단어는 듣기와 함께

그녀   영어 드라마, 애니, 토크쇼, 영화, 뉴스 등을 부담 없이 알아들으며 감상할 수 있으면 그보다 더 좋을 수는 없겠죠. 그런데 저는 아직 단어가 걸려요. 아까 스크립트 있는 유튜브 방송 등을 보다가 모르는 어휘·어구가 있으면 손쉬운 방법으로 검색, 확인하는 정도로만 익히면 된다고 하셨잖아요. 이에 대하여 좀 더 구체적으로 말씀 부탁드립니다.

나   제가 영어공부에 활용하면서 수집, 엄선해 놓은 네이티브 유튜브 채널들은 모두 스크립트가 제공됩니다. 틀린 부분도 적지 않고 문장 부호도 없고 문장별 구분도 되지 않은 자동 생성 스크립트가 아니고, 방송국이나 유튜버가 자체 작성하여 제공하는 정확하고 문장 부호도 있는 것들입니다. 제 영어 공략 2 및 3단계에서 이들로 연습하는데, 소리식별과 내용 파악에 집중하며 두세 차례 들은 다음에, 문장별로 모르는 어휘나 어구가 있으면 스크립트 화면의 해당 부분을 클릭 또는 블록 설정하여 사전 검색해서 해석해 가며 반복해서 듣고 섀도잉도 시도합니다. 그런 다음에 최종적으로 동영상 전체에 대하여 귀와 입에 익숙해질 때까지 듣고 섀도잉합니다.

    어휘나 어구는 이런 식으로 익혀야 효과적입니다. 기억에도 오래 남고 무엇보다 활용도가 높은 것들을 중심으로 쓰임새까지 익힐 수 있기 때문이죠. 초보자의 경우 네이버 사전으로 검색하면 나오는 해석이 있는 풍부한 예문들도 더할 나위 없이 좋은 학습 자료가 될 것입니다.

이렇게 연습하다 보면 말하기 실력도 자연스럽게 늡니다. 즉, 귀와 입에 익숙해지는 어휘, 어구, 표현이 늘어나서 말하기 실력도 부지불식간에 향상됩니다. 이때 모르거나 난해한 단어, 숙어 등을 새로 알게 되어 그런 것보다, 이미 알고 있는 쉽고 자주 쓰이는 단어, 상용어구, 표현 등을 중심으로 여기저기서 많이 접하여 자동으로 입에서 튀어나올 정도로 숙지되어 그렇게 되는 것입니다. 물론 그런 듣고 섀도잉하는 과정을 어느 정도 거치고 나서 외국인 등과 실제 대화 기회를 많이 가지거나, 아니면 혼자 상황을 설정하여 자문자답하는 연습 등을 많이 하면, 말하기 실력이 더 빠르게 증진될 것입니다. 회화책 암기하는 방법으로만 학습해서는 전형적이고 틀에 박힌 몇 마디 말하는 것 이상 대화를 이어갈 수 없습니다. 상대방 말을 못 알아들어 그마저도 힘들 수 있고요.

그녀 그렇지 않아도 구입 초기에 조금 읽어 보다 말고 책꽂이에 쌓아 놓아 처치 곤란 상태인 생활영어, 패턴 영어, 드라마 영어 등 회화책들이 많은데 모두 불태워 버릴까요?

나 아 그런 의미가 아니고요. 그런 책들로 학습하면 크게 도움이 될 것입니다. 무엇보다, 우리나라 사람들이 모르거나 잘못 알고 있거나 어려워하는 부분들을 잘 알고 짚어 주기 때문입니다. 제 말은 그런 책들로만 학습하고 끝내면 한계가 있다는 것입니다.

다시 단어 얘기로 돌아가서, 어휘나 어구는 거듭 말씀드리지만 실제 영어방송 등으로 듣기 연습을 하는 과정에서 익히는 것이 이상적입니다. 그래야 실생활에서 자주 쓰이는 것들을 중심으로 전후 맥락과 함께 익힐 수 있으니까요. 그리고 어휘·어구를 검색하여 익힐 때 해당 지문을 해석하는 데 이용하는 것에 그치지 않고, 말하기나 글쓰기에 써먹을 것을 염두에 두고 접근하는 것이 중요합니다. 그런 자세로 임하면 네이버 사전에 있는 예문과 영영 사전의 내용도 꼼꼼히 챙겨 보게 될 것입니다. 이미 알고 있는 쉬운 단어들에 대하여도 사전 검색할 필요성을 느끼는 경우도 많을 것이고요.

그녀 말하기와 글쓰기에 활용하려면 의미도 정확히 알고 어떻게 쓰이는지도 알아야 하니까 그러겠네요.

나 그렇습니다. 그런데 구어 영어를 많이 접해 보지 않은 학습자가 제가 소개하는 본토발 네이티브 유튜브 채널들을 시청하면, 모르는 어휘·어구와 많이 맞닥뜨릴 것입니다. 그래도 당황하지 말고 스크립트 클릭 또는 블록 설정 검색해서 익히며 꾸준히 연습하다 보면, 모르는 것들이 점차 줄어들 것입니다. 특히, 상용 어휘·어구들은 여기저기서 자주 등장하여 부지불식간에 반복 학습이 되어 자연스럽게 익혀지게 될 것입니다. 그러는 동안 가뭄에 콩 나듯이 등장하는 어휘는 무리하게 외울 필요가 없습니다. 괜히 힘만 소진되고 영양가도 없을 뿐만 아니라 외워도 금방 잊어버릴 것입니다.

그녀 세상의 모든 어휘·어구를 마스터할 필요는 없을 것 같아요. 불가능하기도 하고요. 우리가 우리말 단어의 의미를 전문 용어를 포함하여 모두 알고 있지 않아도 일상생활을 영위하는 데 문제가 되지 않는 것처럼요.

3. 모르면 물어봐

나   맞습니다. 말씀하신 것과 관련하여 기각이라는 법률 용어와 복강경 수술이라는 의료 용어를 몰랐지만, 제가 미국 순회 법정과 병원에서 무리 없이 일을 치른 경험 얘기 좀 해 보겠습니다.

       먼저, 교통 위반 범칙금 문제로 재판에 출석하여 이의를 제기했을 때의 일입니다. 미국 간 지 얼마 안 되었을 때 고속도로에서 긴급 차량 주행을 방해했다고 이백팔십 달러짜리 딱지를 끊겼습니다. 초행길이라 지리를 잘 몰라 잔뜩 긴장하며 운전하느라고 뒤에서 비키라고 왱왱거리는 경찰차 사이렌 소리를 미처 못 들었던 것이죠.

       당시 편도 4차선 고속도로의 안쪽 차선에서 주행하고 있었는데, 경찰차가 중간 차선에서 질주하는 다른 차들을 요란하게 사이렌을 울리며 가로막으며 제 차를 갓길로 인도하여 세우도록 하더라고요. 그러고는 "배드 드라이버다, 총을 사용할 수도 있었다"는 등 큰 소리로 윽박지르며 겁을 잔뜩 주더니 이내 비싼 딱지를 발급하더라고요. 그 이전에 받은 이십여 달러짜리 사거리 우선멈춤 위반 딱지도 이미 있던 차였어요.

그녀   경찰차 진로 방해도 위법인 줄은 몰랐네요.

나   금전적 여유도 없는 데다 삼백 달러에 육박하는 범칙금은 너무 과도한 것 같아서 지정된 날짜에 순회 법정에 출두하여 이의를 제기했습니다. 아니, 이의 제기라기보다는 하소연이라고 하는 게 맞을 것 같습니다. 우선, 우리가 법규를 위반했다고 인정을 하고, 다만 한국에서 온 지가 얼마 안 돼서 잘 몰랐고, 따로 버는 돈 없이 송금받아 생활하는 세 식구 딸린 국제 학생이기 때문에 어려우니 좀 봐 달라고 했습니다.

그랬더니 백발의 호남형인 할아버지 판사께서 한국전에 참전하여 한국에 대하여 잘 안다고 하시며 큰 건 하나는 '기각'해 주겠다고 하더라고요. 당시 그 영어 단어의 뜻을 몰라서 무슨 말이냐고 물었습니다. 그랬더니 "범칙금도 물리지 않고 보험 회사에도 통보되지 않도록 해 주겠다. 즉, 없었던 일로 해 주겠다"고 하며, "통역을 불러 줄까?"라고 물어보더라고요. 그래서 "무슨 말인지 잘 알아들었습니다. 진정으로 고맙습니다"라고 깍듯이 인사하고, 기분 좋게 퇴정하며 다른 범칙금은 출구에 있는 수납 창구에서 바로 납부했습니다. 당시 가족 모두 참석해서 나란히 앉아 있었는데, 아내는 할아버지 판사가 애들이 귀여워서 그렇게 판결해 준 것 같다고 하더라고요. 저는 제가 대응을 잘해서 그런 거라고 하는 등 기분 좋은 말다툼을 하면서 귀가하던 기억이 새삼 떠오르네요.

그녀 그랬군요. 우리도 미국에 있을 때 범칙금 몇 차례 납부했는데, 금액이 적기도 했지만 무엇보다 영어에 자신이 없어서 이의 제기는 생각해 보지도 않았는데요. 주변의 한국 분들 보면 대부분 우리처럼 그냥 납부하는 것 같던데요.

나 그리고 큰아이가 맹장염에 걸려서 응급실을 통하여 입원하고 수술까지 받은 적이 있습니다. 배가 많이 아프다는 애를 장염이려니 하고 3일 동안 출국할 때 챙겨 간 백초만 먹이며 생고생시키다가 결국 제가 다니는 대학교의 부속 병원 응급실로 직행하였죠. 거기서 정밀 진찰을 받았는데 맹장염이 의심된다고 하며 어린이 전문 병원으로 이송, 입원시켜 주었습니다.

그곳에서도 맹장염으로 최종 진단이 내려져서 수술을 받기로 했는데, 의사가 '복강경 수술'을 할 것이라고 하였습니다. 당연히 무슨 말인지 몰라서 되물었죠. 그랬더니 배를 째지 않고 조그만 구멍만 내어 하는 새로운 기법의 수술인데, 상처가 금방 아물고 흉터도 거의 안 남는다고 했습니다. 의사한테 철자를 적어 달래서 전자사전의 영한사전으로 검색하니까 나오지도 않는 용어였습니다. 영영 사전에는 나오고요.

그녀   큰일을 겪으셨네요.

나   복강경 수술이라 수술 후 5일 만에 퇴원하고 주말에 쉰 다음 바로 등교할 수 있을 정도로 회복이 빨랐습니다. 그건 그렇고 미국에서는 치료비를 진단 의사, 병원, 수술 의사 등등이 각각 청구하더라고요. 모두 보험으로 해결되었지만 청구서가 일곱 군데에서 드문드문 시차를 두고 우편으로 연이어 날라 와서 당시 많이 당황스러웠습니다. 하지만 입원하여 수술하고 퇴원할 때까지 치료비에 대하여 한마디도 언급하지 않다가, 나중에 퇴원하니까 집으로 우편 청구하더라고요. 아마 우리나라였다면, 더구나 외국인일 경우, 치료에 앞서 우선 치료비를 낼 수 있는지부터 확인했을 텐데요.

그녀   모든 주에서 그런지는 모르겠지만, 미국에서는 응급 환자는 무조건 치료를 해 주어야 한다는 법이 있대요. 그래서 치료비를 못 받는 경우가 많아서 적자에 허덕이는 병원도 꽤 있다는 말을 들은 적이 있어요. 그건 그렇고 말씀의 요지는 자주 쓰이지 않는 단어는 잘 몰라도 일상생활을 영위하는 데 별로 문제가 되지 않는다는 것이죠?

나   맞습니다. 얘기를 듣던 중 중요한 것 같은데 그 뜻을 모르는 단어가 있으면 뭔 말인지 설명해 달라고 하면 되기 때문입니다. 방송 등의 듣기를 할 때 모르는 단어가 나오면 전후 문맥 또는 상황을 근거로 유추하여 이해할 수 있으면 좋고, 자막이나 스크립트가 있으면 사전 검색해 보기도 하고, 아니면 그냥 넘어가기도 하면서 연습해도 됩니다.

그녀 그런데 미국에 계실 때 영어를 못하시지 않았네요. 법정이나 병원에서도 스스로 매끄럽게 일 처리를 하셨잖아요.

나 그런 것은 서바이벌 영어 수준이잖아요. 또 상대방이 나의 영어 실력을 고려해서 천천히 또박또박 얘기를 해 주어서 가능했던 것이고요.

그녀 그렇기는 하죠. 내가 물건을 사는 손님 또는 공공 서비스를 받는 대상인데 영어가 서투르면, 자신들의 목적 달성을 위해서 알아들을 수 있도록 천천히 설명해 줘야 할 테니까요.

4. 문법도 사전 검색으로

그녀 문법 학습은 어떻게 해야 할까요? 문법은 말이나 문장을 구성하는 기본 규칙이므로 필수적으로 공부해야 한다는 사람도 있고, 정반대로 문법 공부를 먼저 하면 언어를 익히는 데 오히려 방해가 된다고까지 주장하는 사람도 있습니다. 언어학자나 전문가들 사이에도 이렇게 주장이 극단적으로 양분되니 학습자들은 혼란스러울 수밖에 없잖아요.

나 문법 공부 반대론자들은 먼저 아이가 언어를 습득할 때 문법부터 배우지 않는다는 것을 반대 근거로 제시하고 있죠. 또 말을 할 때 문법을 적용하여 작문하려고 더듬대다가 또는 생각한 표현이 문법적으로 맞는지 머리 굴리며 생각하다가, 말할 때를 놓치거나 확신이 서지 않아 말문을 아예 닫고 마는 문제가 있다고도 하고요.

그녀 예. 그리고 그분들은 우리나라나 일본 사람들이 영어공부에 많은 시간을 투자하면서도 의사소통을 제대로 못 하는 이유가 문법이나 단어 공부에 치중했기 때문이라고도 합니다. 문법 공부 옹호론자들도 학교에서 문법과 단어, 그리고 그들을 이용한 독해 위주로 가르치고 있는 현실에 대하여는 개선이 필요하다고는 하죠.

나 양쪽 주장 모두 일리가 있는데, 우리나라 성인 학습자들이 처한 현실을 고려할 필요가 있습니다. 먼저, 우리 성인들은 아이가 부모로부터 쉬운 단어나 짧은 표현부터 시작하여 수없이 반복해서 듣고 또 교정도 받아 가며 듣고 말하기를 습득하는 것과 같은 방법으로 언어를 배울 수 없습니다. 그래서 주로 영어방송 등을 들으며 듣고 말하기를 익힙니다. 그런데 그 내용을 해석 또는 이해하려면 문법 지식이 필요할 것입니다. 그리고 우리는 이미 중고등학교 때 문법 공부를 했습니다. 그래서 말을 할 때 의도하지 않아도 문법을 적용하여 작문하고 검증하는 과정을 거치게 됩니다.

그녀 우리가 문법 공부에 집착하는 이유는 영어를 많이 들어서, 즉 영어 소리 인풋을 많이 해서 말문이 트이는 방법으로 말하기를 배우지 않고 처음부터 말하기를 시도하려니, 문법에 맞춰 표현을 만들어 낼 수밖에 없기 때문이라는 얘기를 들은 적이 있어요.

나 맞습니다. 그래서 많은 사람이 문법을 모르면 말하기가 가능하지 않다고 주장하기까지 하죠.

그녀   그런데 문법적으로는 맞지만 통용되지 않아서 어색한 표현도 있고, 반대로 문법적으로는 틀리지만 통용되는 표현이 있잖아요.

나   그런 경우도 있죠. 그런데 지금까지 얘기한 현실들을 모두 반영한 방법으로 문법 문제를 돌파할 수 있습니다. 먼저, 문법 전반에 대하여 기본적인 내용을 제 채널 리스트 1단계 초반에 있는 션킴 채널의 '영문법 NEW' 강의를 수강하여 학습합니다. 8분 전후 분량의 20여 개 동영상이고 알기 쉽고 간단명료하게 강의해서 초보자도 부담 없이 수강할 수 있습니다. 이어서 '쓰는영어' 채널에서 문법 원리에 입각하여 구어 표현 등을 설명하는 강의를 수강하며 문법 응용력을 키웁니다. 그리고 이외 1, 2단계 학습 강좌 채널에 중요하거나 난해한 문법 관련 강의 동영상들이 산재해 있는데, 학습할 필요가 있다고 판단되는 것들을 선별하여 수강합니다.

   그런 다음에 3단계 네이티브 영어채널을 시청할 때, 스크립트 해석하는 과정에서 모르는 문법 문제가 나오면 그때그때 확인하는데, 문법적으로 접근하지 않고 단어 사전 검색하는 방법을 이용합니다. 이에 대하여는 would/should/must+have pp 구문이 포함된 문장, which, what 등의 관계 대명사가 포함된 문장, 동사 단어와 5형식 등의 사례를 들어 설명한 내용이 제가 드린 자료 처음 단원 이론 부분(3. 거꾸로 학습)에 있으니 참고하세요.

그녀   문법 문제로 접근하지 말고, would, should, must, which, what, 동사 등을 네이버 사전 검색하여, 해석하고자 하는 문장과 같은 유형의 구문 또는 형식 설명 부분을 찾아서 뜻과 예문을 참조하면 해석할 수 있다는 거죠? 그리고 이런 식으로 학습하며 인풋을 충분히 늘린 후에 말하기를 시도하면, 문법을 적용하여 작문하려고 더듬거리다 말문이 막히는 문제 등이 일어나지 않을 것이고요. 물론 문법 공부에 과몰입하여 생기는 부작용도 없을 거고요.

5. 굿 모닝 얼리 버드

나 맞습니다. 그건 그렇고 혹시 'Early Bird'라는 말 들어 보셨나요? 또는 '아침형 인간'에 대해서는요?

그녀 일찍 일어나는 새가 벌레를 잡는다는 서양 속담에 나오는 말 아닌가요? 미국에 살 때 어디선가 주차장 요금표에 Early Bird는 얼마라고 적혀 있어서 뭔 말인가 물어보았더니, 이른 시각부터 주차하는 경우 할인해 준다는 거래요. 아침형 인간은 전에 한동안 베스트셀러였던 책의 제목이고요. 저 그 책 읽어 보았어요. 요약하자면, 잠은 6시간만 자는데, 저녁에 일찍 잠자리에 들고 아침 일찍 일어나 새벽 시간을 활용해라. 새벽에는 머리가 맑기 때문에 무엇을 하든지 낮에 하는 것보다 훨씬 더 좋은 성과를 낼 수 있다. 영양제를 먹어라 등등.

나 맞습니다. 저도 경험해 보았지만 새벽에 공부를 하면 훨씬 잘됩니다. 그리고 잠자는 시간도 6시간이면 충분합니다. 많이 자던 사람이 잠을 줄이려 하면, 처음에는 낮 시간에 머리가 뻑적지근하기도 하고 몽롱한 채 헤매기도 하는데, 며칠만 버티면 괜찮아집니다. 잠자는 시간은 습관적인 것이라, 많이 자면 계속 그만큼 또는 그 이상 자고 싶어집니다.

반면, 적게 자는 것을 습관화하면, 아무 문제없이 적게 자며 지낼 수 있습니다. 그런데 잠을 적게 자면 에너지 소모가 많이 되는 것도 사실입니다. 저의 경우 몸이 허하면 매사가 귀찮아지고 공부를 해도 머리에 잘 들어오지 않아요. 또 새벽에 일어나는 것도 버거워지고요. 그래서 한창 공부할 때는 수시로 꼬리곰탕 등 보양식으로 보신을 했습니다.

그녀   그렇군요. 그런데 왜 갑자기 Early Bird와 아침형 인간 이야기를 하게 된 거죠?

나   아, 제가 경험해 보니 효과가 있어서 강력 추천하고 싶은 영어학습 방법이 새벽에 일어나서 컴퓨터를 이용하여 한두 시간 학습하고, 낮과 저녁의 자투리 시간에 스마트폰을 이용하여 복습하는 것이기 때문입니다. 제가 한창 영어 듣기 연습을 할 때 경험한 건데, 컨디션이 좋거나 머리가 맑으면 영어 소리가 잘 들리다가 그렇지 않으면 잘 안 들리곤 하였습니다. 곧 소개할 연습 방법에서는 실제 본토발 영어방송 등을 이용하기 때문에 그렇게 만만하지가 않을 거예요. 그래서 아침 일찍 일어나서 새벽의 조용하고 정신이 맑은 시간에 집중 학습하면 좋을 것 같아서요. 어떻습니까? Early Bird가 될 의향이 있나요?

그녀   물론이죠. 저도 고등학교 다닐 때, 담임 선생님 말씀 듣고 새벽 공부를 한 적이 있어요. 그때, 선생님께서 뭐라고 말씀하신 줄 아세요? 처음 시도하는 학생일 경우 새벽에 일어나기가 쉽지 않을 거래요. 그런 학생은 며칠간 취침 전에 물을 한 컵 마시고 화장실에 가지 말고 잠자리에 들래요. 그러면 새벽에 소변이 마려워서 자동으로 깨게 되고 또 화장실에 가야 하니까 안 일어날 수가 없게 된다나요? 며칠간만 그렇게 하여 일찍 일어나면, 그다음부터는 어렵지 않게 일찍 일어날 수 있게 된대요. 총각 선생님이셨는데 "하지만 의사 선생님에겐 내가 이런 말 했다고 이르면 안 돼요. 나 혼납니다"라고 말씀하시던 선생님 모습이 지금도 눈에 선합니다.

나 그 선생님을 꽤 좋아하셨나 보네요? 아직도 눈에 선할 정도니 말입니다. 그러면 제가 지금부터 호칭을 아예 Ms. Early Bird 또는 그의 이니셜인 EB 님이라고 부르면 어떨까요? 굳이 스스로 밝히지도 않는데 이름을 물어보기도 그렇고, 또 젊은 미시 엄마에게 누구 엄마라고 부르면 싫어하실 것 같기도 하니까요.

그녀 영광인데요. 그렇게 하면 제가 새벽에 일어나 공부를 하지 않을 수가 없겠네요. 그러고 나서 집안일할 때, 시장 볼 때, 운동할 때 등에 복습하면 되고요.

V. 시스템 세팅 및 단계별 유튜브 채널 활용

1. 팔로우 정보 파일 Feedly 업로드 및 학습지원 기능

나   좋습니다. 그러면 바로 지금부터 EB 님이라고 부르겠습니다. 그럼 이제 유튜브로 즐기며 영어를 공략하는 방법에 대하여 설명 드릴게요. 먼저, 스마트폰을 주로 어떤 용도로 사용하시나요?

EB   전화, 문자, 카톡, 게임, 검색, 신문 보기 등을 주로 하죠. 사진 찍어서 지인들이랑 공유하기도 하고요. 얼마 전에 영어 라디오 방송 앱을 알게 되어 다운로드받아 좀 듣다가 말았어요. 당최 뭔 말을 하는지 알아들을 수가 없어서요. 월 5만 4천 원인가 하는 무제한 요금제 스마트폰인데 활용을 제대로 못 하는 것 같기는 해요.

나   그러셨군요. 제가 본전 생각 한 푼도 안 나도록 알차고 스마트하게 활용할 수 있게 해 드릴게요. 혹시, 전에 잠깐 말씀드린 것 같습니다만, 피드리더에 대하여 들어 보셨나요?

EB   아뇨. 전혀요.

나   피드리더는 유튜브 채널 등을 팔로우 등록하는 툴입니다. 피드리더에 접속하면 자신이 팔로우한 채널들을 한 화면에서 모두 볼 수 있습니다. 유튜버가 동영상을 새로 채널에 올리면, 피드리더 팔로우 목록에도 자동으로 올라옵니다.

EB   유튜브 채널들을 한곳에 모아 놓고 영어공부에 활용한다는 거군요.

나   그렇습니다. 제가 드린 자료에 설명되어 있습니다만, 제가 영어 학습 또는 습득용으로 모아서 단계별로 분류해 놓은 채널들이 많이 있습니다. 그런데 이들을 유튜브 채널 구독 설정하는 것만으로는 제대로 관리가 안 됩니다. 그래서 Feedly라는 피드리더에 팔로우 등록하여 단계별로 일목요연하게 배치해 놓았습니다. 여기서 원하는 채널 또는 동영상을 클릭하여 유튜브를 시청할 수 있습니다. 스마트폰에서도 Feedly 앱을 다운받아 동일한 이메일 주소와 비밀번호로 접속하여 활용할 수 있습니다.

EB   맞아요. 유튜브 채널을 구독하면 구독 채널 리스트가 있기는 한데 내 임의대로 순서를 정하거나 카테고리별로 나누어 배치하는 기능은 없는 것 같았어요. 그런데 말씀하신 Feedly에 그런 식으로 정리해 놓으면 보고 싶은 채널에 쉽게 접속할 수 있고, 모든 채널의 새로 업로드되는 동영상들도 한 화면에서 확인할 수 있겠네요. 컴퓨터는 물론 스마트폰으로도요. 그런네 영어도 그렇지만 정보기술에 대하여도 해박하신 것 같아요.

나   정보기술 자체에 대하여는 잘 모르지만 활용은 좀 왕성하게 하는 편이죠. 제가 지금 계정 개설하여 업로드해 드릴 것입니다만, 영어방송 등 다양한 유튜브 채널들을 피드리더에 팔로우 등록하여 영어공부에 활용하는 방법에 대하여는 아는 사람이 전무할 거예요. 이런 걸 전문 용어로 클라우드 컴퓨팅이라고 하죠. 내가 내 컴퓨터에서 작업한 결과가 내 컴퓨터가 아닌 인터넷상의 서버에 저장되기 때문에, 다른 컴퓨터나 스마트폰으로도 접근하여 활용할 수 있는 정보 통신 기술을 지칭한다고 해요. 당연히 내

　　　　컴퓨터나 스마트폰의 용량을 잡아먹지도 않죠.
EB　스마트폰을 말 그대로 스마트하게 활용하시네요.
나　그럼 EB 님 명의로 Feedly라는 피드리더 계정을 만들어서 제가 만든 유튜브 채널 팔로우 정보 공유 OPML 파일을 업로드해 드리겠습니다. 그리고 스마트폰에도 Feedly 앱을 다운로드받아 드리고요. 활용 방법은 제가 드린 자료를 참고하세요.

　　컴퓨터에서 EB 님 명의의 구글 계정을 개설하고 크롬 브라우저를 다운로드받아 열고, Feedly 홈페이지에 접속하여 계정을 만들어 OPML 파일을 업로드해 주었다. 또 스마트폰에서도 Feedly 앱을 다운로드받아 접속해 주었다.

EB　그런데 크롬 브라우저가 뭐예요?
나　컴퓨터에서 인터넷에 접속할 때 사용하는 브라우저 중 하나입니다. 우리나라 사람들은 대부분 인터넷 익스플로러를 사용합니다. 그런데 미국 등 다른 나라 사람들은 거의 절반이 크롬을 사용한다고 합니다. 크롬 브라우저를 이용하면 영어학습할 때 도움이 되는 확장 프로그램들을 활용할 수 있어서 좋습니다.
EB　확장 프로그램이랑 영어 학습지원 기능들도 알려 주세요.
나　먼저, 유튜브에는 영상 화면에 올라오는 자막도 있지만 화면 밖에 스크립트가 뜨도록 할 수 있습니다. 그리고 이 스크립트를 클릭하여 한 문장 전후 구간의 블록 단위로 반복 재생할 수 있습니다. 문장별 반복 듣기와 섀도잉 연습하기에 안성맞춤인 기능이죠. 또 모르는 어휘나 어구가 있으면 스크립트 화면에서 해당 부분을 클릭하거나 드래그 블록 설정해서 네이버 사전이나 구글 검색도 바로 할 수 있고요. 스크립트를 다양한 양식으로 저장 또는 출력도 할 수 있습니다.

EB   우와 자막 열고 시청하는 것은 해 보았는데 스크립트도 띄워서 활용할 수 있다는 것은 몰랐네요.

  저자와 EB는 Language Reactor(구 LLY, Language Learning with Youtube)가 아직 없던 때라, 이와 같이 유튜브의 스크립트 화면을 띄워서 스크립트 문장을 클릭하여 문장별 반복 재생하는 방법을 이용하였다. 그러나 요즘에는 Language Reactor를 주로 이용한다. 한국어 번역 자막을 제공하고, A, S, D, Q 등 단축키를 이용하여 문장별 반복 재생 등을 편리하게 할 수 있기 때문이다.

나   이외의 기능은 대부분 잘 아실 것입니다만, 자막, 속도조절, 되감기 등의 기능도 영어학습 또는 습득할 때 유용합니다. 구간을 임의로 설정하여 반복 시청하는 확장 프로그램도 있는데 제가 드린 설명 자료를 참고하시기 바랍니다.

EB   스마트폰에서도 가능한가요?

나   자막, 속도조절, 되감기 등의 기능은 가능하지만, 아쉽게도 아직 스마트폰에는 스크립트를 띄워 활용하는 기능이 없습니다. 스마트폰에서 재생 중에 화면 왼쪽을 더블 터치하면 5초 되감기가 되는데, 과거 워크맨으로 토익시험 대비 듣기 연습할 때 찍찍이 기능과 같은 것으로 아주 유용합니다. 디폴트로 10초 되감기로 되어 있는데, 설정에서 5초로 변경하면 됩니다.

EB   찍찍이가 뭐예요?

나   MP3나 스마트폰 나오기 이전에 카세트 테이프로 토익 리스닝 연습할 때 이용하던 워크맨 카세트의 반복 듣기 기능입니다. 되감기 버튼을 누르면 찍찍 소리가 나며 되감아져서 붙인 건데요. 한때, 소니 워크맨을 이런 기능을 이용하여 세 개를 망가뜨릴 정도로 연습해야 토익 리스닝 고득점을 할 수 있다는 말이 회자됐을 정도로 인기가 있었습니다.

EB   재미있네요. 듣기 정복하려면 반복 듣기가 필수여서 그랬겠죠?

2. 단계별 유튜브 채널 공략 방법

나   자 그럼 3단계로 구축되어 있는 유튜브 채널 체계에 대하여 이야기해 보죠. 이에 대하여 제가 지난번에 드린 자료에 상세히 설명되어 있는데 궁금한 내용이나 하고 싶은 말씀이 있으면 얘기해 보세요.

   여기서 말하는 자료는 본 저서 1부의 원안이다. 본 저서에 수록된 내용은 이후 새로 알게 된 방법이나 대화 중 언급된 유용한 내용을 추가하는 등 보완한 것이다.

EB   저도 유튜브 채널을 보며 학습을 해 보긴 했습니다. 선생님 채널 리스트에도 포함된 몇 가지 내국인 강좌와 원어민 강좌를 추천받아서요. 그런데 한동안 열심히 수강하기도 했지만 결국 흐지부지 그만두게 되었습니다. 선생님 단계별 채널 체계를 보고 느낀 건데 아마도 계획성 없이 시도해서 그런 것 같습니다. 선생님처럼 단계별 체계를 구축해 놓고 그에 따라 학습했으면, 중도에 그만두지 않았을 것 같다는 생각이 들었습니다.

나   저도 영어학습 유튜브 채널들에서 영어학습에 도움이 될 채널 추천하는 것을 여기저기서 본 적이 있습니다. 그런데 그 채널이 어때서 좋다는 정도의 소개에 그치고 어떻게 지속적이고 체계적으로 학습해야 할지 등에 대한 계획 또는 로드맵을 제시하지는 않았습니다. 반면 제 방법은 논리적이고 체계적이며 언어학자의 이론 또는 가설에도 부합하는 청사진 내지는 로드맵을 제시하고 있죠.

EB   진짜 저명한 언어학자가 체계화했다는 이론, 즉 학습·습득 가설, 몰입 교육, 인풋 가설 등에 기반한 방법이라고 하셨죠?

나   솔직히 말씀드리자면, 말씀하신 이론을 제가 사전에 알고 그에 맞춰 채널 체계를 구축한 것이 아닙니다. 영어공부를 하면서 그런 체계를 구축했는데, 나중에 영어학습 관련 블로그와 유튜브를 보다가 그런 이론 또는 가설이 있다는 것을 알게 되었습니다. 그런데 제 방법과 정확히 일치해서 설명에 추가한 것입니다. 유튜브에 스티븐 크라센 교수의 그에 대한 강의도 있는데, 인풋을 늘려 습득하는 방법을 강조하고 있습니다. 아이가 태어나서 언어를 배우는 과정이 대표적 사례이고, 사물을 보여 주면서 또는 특정 행동을 하면서 그에 대하여 묘사하거나 설명하는 방식 등으로 언어를 가르치고 배워야 한다네요. 그런 걸 이해 가능한 인풋(Comprehensible input)이라고 하면서요. 현재 우리나라 학생이나 사람들이 하는 문법, 단어, 어구 등을 익히고 독해하는 학습은 이른바 스킬 빌딩(Skill building)으로 지양해야 한다고 하고요.

EB   그런데 성인을 유아나 유치원생처럼 그런 방식으로 가르치면 어느 천년에 영어 의사소통이 가능해질까요?

나   맞아요. 그래서 이후 다른 언어학자나 교육 현장 종사자들의 지적이 이어졌는데, 학습과 습득을 이분법적으로 나눠서 한 가지 방법만을 고집하는 것은 옳지 않으며, 둘은 상호 보완적인 관계라고 합니다. 학습하면서 습득이 될 수 있고, 아이나 유치원생처럼 습득할 수 없는 성인이 습득하려면 학습을 병행해야 한다면서요. 그런데 제 방법이 바로 그런 거죠. 예컨대 3단계에서 본격적으로 동영상을 통째로 듣고 섀도잉하는 인풋 및 습득에 앞서 문장별로 어휘·어구 검색하여 해석하고, 알아듣기 위해 듣고 따라 해 보는 학습을 하잖아요.

EB   그렇네요. 어쨌든 선생님 방법은 유명한 영어 강사 유튜버들이 소개하는 방법들과는 좀 다른 것 같아요.

나   크게 다를 것은 없는 것 같습니다. 다만, 스크립트가 제공되는 본토발 네이티브 유튜브 영어채널과 각종 학습지원 기능이 있다는 것을 모르는 상태에서 공부하는 방법들이라 한계가 있을 것입니다.

EB   선생님의 발음현상 강의 동영상 수강하며 연습할 때 갓주아TV 채널도 함께 연습했으면 좋았을 것 같았습니다. 특히, 따라 발음하기가 잘 안 되는 원음 소리들이 있었는데 발음현상과 음소 발음뿐만 아니라, 발성, 호흡, 강세, 리듬까지 흉내 내며 따라 했으면 더 잘 됐을 것 같아서요.

나   아, 그러네요. 저는 발음현상에 대해서만 중점을 두어 설명했는데,

말씀하신 대로 발성, 호흡, 강세, 리듬도 동일하게 흉내 내야 제대로 따라 할 수 있는 경우가 많습니다.

EB   실제 영화, 애니, 미드 등의 클립을 구간별로 무자막, 영어 자막, 한국어 자막 등을 돌아가며 보여 주며 반복 재생해 주는 채널들은 스스로 반복구간을 조정하며 반복해서 듣거나 모르는 어구 사전 검색하며 해석하는 수고를 덜 수 있어서 좋겠어요.

나   다른 채널들도 마찬가지지만 이런 동영상 편집해서 무료로 학습할 수 있도록 제공하는 유튜버님들에게 감사해야 하고 보답 차원에서라도 열심히 활용, 연습해야 합니다. 구독, 좋아요, 알림 설정은 필수고요.

EB   명심하겠습니다. 1단계는 학교 졸업 후 오랜 기간 영어공부를 하지 않다가 다시 시작하는 학습자에게 최고의 과정이라고 할 수 있겠네요.

나   내국인 강좌는 우리나라 학습자들이 모르거나 잘못 알고 있거나 어려워하는 부분들을 집중적으로 다루는 장점이 있습니다. 다만, 이것만으로는 한계가 있습니다. 무엇보다 인풋을 늘리는 것이 중요하기 때문입니다. 그래서 1단계 학습을 일정 기간 한 다음에 2단계 몰입 과정과 3단계 습득 과정으로 진격해야 합니다.

EB   2, 3단계 채널들은 무엇보다 스크립트가 제공돼서 유튜브의 학습지원 기능을 활용하여 제대로 학습 및 습득할 수 있어서 최고인 것 같습니다. 2단계에서는 유명 원어민 강사들의 다양한 강의를 집에서 공짜로 그것도 자막과 스크립트를 참조하고 속도도 조절해 가며 반복해서 수강할 수 있다니 말 그대로 대박입니다.

나   예, 제가 스스로 공부하면서 엄선하여 체계적으로 정리해 놓은 것들입니다. 2단계 원어민 강좌들은 학원에서 수강하는 것보다 훨씬 좋습니다. 무엇보다 알아듣지 못하는 부분을 스크립트 확인하며 반복해서 시청할 수 있기 때문입니다. 그러면서 원어민 말소리를 듣기 연습, 즉 인풋에 활용할 수도 있고요.

EB   영국 영어학습 강좌도 있고요.

나   네. 잘 아시겠지만, 요즘엔 토익이나 고등학교 영어 듣기 시험에 영국 영어가 포함되어 있고 또 국제회의에 참석해 보면 영국 영어를 구사하는 사람들이 오히려 더 많습니다. 그러므로 영국 영어도 가리지 말고 평소 익혀 두는 게 좋습니다.

EB   영국 영어는 모음 a를 좀 다르게 발음하지만, t를 흘려서 발음하지 않는 등 비교적 철자대로 발음하는 경향이 있어서 미국 영어보다 알아듣기가 쉽다고 하는 사람도 있더라고요. 참, 하나 궁금한 게 있는데요. 제가 학습하다가 좋은 유튜브 영어공부 채널을 발견하면 선생님 Feedly 채널 리스트에 포함시켜 주실 수 있나요?

나   물론입니다. EB 님이 새로운 채널을 추가할 수도 있고 기존 채널의 위치를 변경하거나 삭제할 수도 있습니다.

EB   네? 제가 임의로 추가하고 변경할 수 있다고요?

나   물론이죠. EB 님 개인 Feedly 계정을 만들어 혼자 이용하는 것이므로 EB 님 마음대로 채널을 다른 폴더로 이동시킬 수도 있고 마음에 들지 않으면 삭제할 수도 있고 새로운 괜찮은 채널을 발견하면 추가할 수도 있습니다. 단, 무료 계정이라 전체 팔로우 채널 수가 백 개를 넘으면 안 됩니다. 그래서 백 개를 넘겨 추가하려면 기존 팔로우 채널을 그만큼 먼저 삭제해야 합니다.

EB   아! 제가 착각하고 있었네요. 저는 선생님이 만들어 놓은 Feedly

사이트에 접속하여 이용하는 것으로 생각했습니다. 그런데 특히, 스크립트 문장을 클릭하며 문장별 반복 재생하는 방법이 상당히 특이하고 효과 만점일 것 같아서 지금 당장 구현해 보고 싶네요. 그런데 유튜브는 대부분 자막과 스크립트를 제공하지 않나요?

나   맞습니다. 단, 자막과 스크립트에는 두 가지가 있습니다. 먼저 자동 생성되는 것인데 말 그대로 인공지능에 의해 생성되는 것입니다. 그래서 문장 부호도 문장별 구분도 없이 연결되어 있고, 인공지능이 식별을 못 해서 틀린 부분도 꽤 있습니다. 인공지능이 틀릴 정도이니 사람도 식별하기 어려운 부분들이겠죠. 반면 방송국이나 유튜버가 제공하는 자막과 스크립트가 있는데 문장 부호도 있고 정확합니다. 2 및 3단계 채널들은 모두 이러한 자막과 스크립트를 제공하는 것들입니다.

EB   자막이나 스크립트를 보면서 들으면 듣기 실력이 늘지 않는다고 주장하는 영어 전문가도 있던데요.

나   저도 그런 얘길 들은 적이 있어요. 맞는 말이라고 생각도 했고요. 자막을 보고 들으면 나중에 자막 없이 다시 들을 때 이미 본 자막이 연상돼서 듣기 실력 증진에 방해가 된다고 생각했기 때문이죠. 그리고 영어를 알아들어도 실제 듣기 실력에 기반한 것인지 자막이 연상되어 그런 건지 명확하지 않고요. 다만, 그것은 들을 거리가 많지 않은 시절, 즉 영어 테이프나 CD로 듣기 학습하던 때에나 우려되는 문제입니다. 이들을 한 번이라도 자막을 보며 듣고 나면, 방금 말씀드린 이유 때문에 그들의 듣기 연습 활용도가 확 줄어들게 되겠죠. 그러나 요즘에는 자막 있는 들을 거리들이 넘쳐나니까 그런 이유는 더 이상 유효하지 않습니다. 자막이나 스크립트 보기도 하면서 이것저것 많이 듣고 따라 하면, 귀와 입뿐만 아니라 눈으로도 어구, 표현 등을 익히고 기억시킬 수 있으니까 더 효과적입니다.

EB 시대와 환경이 바뀌면 학습 방법도 바뀌어야 되겠죠. 다음으로 어휘·어구 검색에 대하여도 정리 부탁드립니다.

나 앞에서도 말씀드린 것 같습니다만, 구어 영어를 많이 접해 보지 않은 학습자가 3단계 본토 채널들을 시청하면 모르는 어휘·어구가 많이 있을 것입니다. 이럴 땐 컴퓨터 유튜브에 스크립트 화면을 띄워 놓고, 모르는 부분을 클릭하거나 드래그 블록 설정해서 네이버 사전이나 구글 검색하면 좋습니다.

　이런 식으로 어휘·어구를 검색하면 무엇보다 시간이 많이 절약됩니다. 네이버 사전은 예문도 많고 영영 사전 검색도 됩니다. 단, 숙어나 고유 명사는 네이버 사전에는 없고 구글에서만 검색되는 경우가 종종 있습니다.

EB 모르는 단어가 많을 때 사전 검색하며 읽으려면 불편하고 시간도 많이 소요되고, 그러다 보면 맥도 끊기기 일쑤인데 말씀하신 것처럼 검색하면 그런 문제가 해소되겠어요.

3. 단계별 학습·습득 기간

EB 단계별 공부하는 기간에 대한 설명도 있던데요.

나 제가 단계별 기간을 확정적으로 말씀드릴 수는 없습니다. 왜냐하면, 저는 시행착오도 많이 겪었고 유튜브 채널들을 찾아서 듣고 읽고 분류하고 정리하는 과정에서 부지불식간에 실력이 조금씩

늘었거든요. 그래서 단계별 학습 거리의 내용, 난이도 등을 고려하여 개략적으로 기간을 정했어요. 그러니까 참고만 하시고 본인이 학습하면서 그때그때 성취 정도를 감안하여 다음 단계 진입 시기를 결정하는 게 좋을 것 같아요.

EB   알겠습니다. 사람마다 초기실력 수준과 영어 습득 재능, 그리고 가용 시간이 다르기 때문에 단계별 학습 기간이 당연히 다를 수밖에 없겠죠.

나   단, 한 단계를 완전히 정복해야 다음 단계로 넘어가는 것은 아닙니다. 모든 단계가 듣기 연습하는 것이고, 또 다음 단계로 넘어가도 이전 단계의 것들도 함께 들으며 학습할 것이니까, 한 단계에서 일정 기간 연습하고 나면 미련 없이 다음 단계로 넘어가도록 하였습니다. 예컨대, 1, 2단계의 학습 강좌 동영상들은 새로운 영상이 업로드되면 이후 단계 연습 중이라도 선별하여 수강합니다. 물론 필요하다고 판단되면 이미 학습한 것도 복습하고 해당 단계 학습 시 빼먹은 것도 챙겨서 수강할 수 있습니다.

EB   하루에 두 시간 이상 공부하는 것을 기준으로 하셨죠?

나   주로 집에서 컴퓨터나 노트북을 이용하여 모르는 단어와 숙어 검색을 해 가며 스크립트 해석하고 들릴 때까지 반복해서 듣고 섀도잉해 보는 등의 학습을 한두 시간 합니다. 그리고 출퇴근이나 등하교 이동, 운동, 집안일 등을 하면서 또는 한가할 때, 주로 스마트폰으로 반복 듣기 복습을 한두 시간 합니다. 그래서 도합 하루 평균 두서너 시간 정도를 기준으로 한 것입니다. 전체 시간으로 보면 많다고 느껴질 수 있지만, 실제 공부처럼 학습하는 시간은 한 시간 정도에 불과합니다.

스마트폰을 이용한 복습은 2, 3단계의 경우 주로 컴퓨터로 학습한 것들을 반복해서 듣는 것이라, 크게 부담스럽지 않습니다. 영어방송 등을 운동 중에 들으면 건강도 챙기니까 일석이조의 효과가 있습니다. 나중에 경험해 보면 아시겠지만, 걷기운동이나 등산을 하면서 들으면 책상에 앉아서 들을 때보다 집중이 훨씬 더 잘 됩니다.

EB   하루에 공부하는 분량은요?

나   학습자의 실력과 가용 시간에 따라 다르겠죠. 먼저, 1과 2단계는 가용 시간에 따라 학습 분량이 차이가 날 것이고요. 3단계는 여기에 더하여 학습자의 실력도 영향을 미칠 것입니다. 예컨대, 초기에는 찾을 어휘·어구도 적지 않고 반복 듣기 등도 많이 해야 해서 하루에 3분 전후짜리 두세 개 정도도 버거울 수 있을 것입니다. 물론 계속 학습하고 복습하다 보면 바로 들리고 이해까지 되는 부분이 늘어나면서 하루 분량이 증가할 것이고요. 자, 시간이 많이 늦었으니 오늘은 여기까지만 하겠습니다. 그럼 성과가 있으면 연락 주세요. 제 방법이 얼마나 효과를 발휘하나 확인해 보게요.

EB   옙! 감사합니다. 그리고 열심히 하겠습니다.

VI. 단계별 영어 체득 리뷰

이후 국제기구 주재관으로 파견되어 2년간 근무하고 귀국해서 두 달 정도 지났는데 까맣게 잊고 있던 그녀에게서 전화가 왔다.

EB   아, 김 선생님, 오래간만이네요. 저 기억하시죠?

나   예, 물론이죠. EB 님. 진짜 오래간만입니다.

EB   실은 선생님 만난 후 한 10개월 정도 지나 미국에 갔어요. 급하게 가느라고 연락도 못 드렸네요.

나   그랬군요. 그럼 지금 미국에서 전화하시는 건가요?

EB   아니요. 친정에 일이 있어서 잠깐 귀국했어요.

나   저도 2년간 외국에 파견 갔다가 2달 전에 귀국했어요.

EB   와우! 그러셨군요. 어느 나라인데요? 2년간이면 가족도 함께 가셨겠네요.

나   스위스요. 가족과 함께 가서 큰애는 불어 어학원 다니고 막내는 국제고등학교 다녔어요.

EB   스위스면 유럽의 중앙이라 여행도 많이 다니셨겠어요.

나   예, 주변 나라들 포함해서 많이 돌아다녔습니다. 그 얘긴 나중에 시간 나면 하기로 하고, 미국에 계셨다면 영어가 많이 느셨겠네요.

EB   영어요? 당근이죠. 구체적 이야기는 만나서 해요. 드릴 말씀도 많고 자랑하고 싶은 것도 많으니까요. 음, 그런데 이번엔 어디서 만나죠?

나 청사 주변 커피숍에서 저 퇴근 후 만나시죠.

그래서 우리의 재회는 약 3년 만에 이루어졌다.

EB 오래간만입니다.
나 2년도 훌쩍 넘은 것 같은데요. 그런데 지금 미국 어디에 사세요?
EB 샌프란시스코 인근에 살아요.
나 그러세요? 저는 거기서 아래쪽으로 LA를 지나 멕시코 국경 근처에 있는 샌디에고에 살았었는데요. 당시 방학 중에 샌프란시스코도 들리는 등 19박 20일간 서부 일주 여행을 했던 일이 생각나네요. 그때 남쪽 끝 피닉스에서 북쪽 끝 시애틀까지 타원형으로 한 바퀴 돌았습니다. 사막, 캐니언, 글레이서, 간헐천, 분화구 호수, 침엽수림, 폭포, 비치 등등 모두가 정말 멋있었어요. 피닉스, 라스베이거스, 시애틀, 샌프란시스코, LA 등 도시들도 볼 만했지만, 역시 진한 감동을 주는 것은 인공적인 것보다 자연적인 것들이더라고요.

 비용도 많이 들지 않았어요. 자동차로 다녔는데 여행 기간 동안 식사를 단 두 끼만 사 먹고 다 직접 만들어 먹었거든요. 아침은 대부분 모텔에서 제공하는 콘티넨털 브렉퍼스트, 즉, 빵, 음료수, 과일 등으로 해결했고요. 점심과 저녁은 아침에 모텔에서 휴대용 전기스토브로 지은 밥을 가지고 다니며 먹었어요. 김치 등 반찬은 아이스박스에 넣어 가지고 다녔죠. 그래서 거의 숙박비와

#미국 서부

유치원, 씨월드, 피닉스, 세도나, 그랜드캐니언, 시애틀, 분화구 호수, 서해안 1번 고속도로, 도일초등학교, 데스 벨리, 세쿼이아 국립공원, 금문교, 어린이 전문병원, 옐로스톤, 유니버설 스튜디오, 로스앤젤레스

차 연료비만 들었어요.

EB 와! 좋았겠다. 우리도 한번 그런 식으로 둘러봐야겠네요. 우리는 전에 4박 5일짜리 패키지 여행으로 서부의 일부 지역을 관광했는데, 그보다 선생님처럼 자동차로 여행하는 것이 훨씬 나을 것 같아요. 비용 면에서도 그렇거니와 여유를 가지고 이것저것 속속들이 구경할 수 있을 테니까요.

나 맞아요. 단체 관광은 정해진 일정대로 움직여야 하기 때문에 제대로 구경하지 못하는 경우가 많죠. 개인 여행을 하면 코스와 일정 계획 세우기가 어려울 수 있는데, 트리플A 보험 회사에 의뢰하면 상세 지도에 형광펜으로 코스 표시를 해 가며 꼼꼼하게 여행 스케줄을 무료로 짜 줍니다. 우리는 특히, 처음 5일간을 제외한 나머지 기간은 숙박 예약도 하지 않고 다녔어요. 인터넷 쿠폰 사이트나 각지에 있는 인포메이션 센터에서 할인 쿠폰을 구하여 이용했습니다. 숙소 예약도 하지 않고 내 차로 여행을 하니까 여유 있게 보고 싶은 거 다 보고 다닐 수 있어서 좋았어요. 자, 이제 그 얘기도 나중에 기회가 있으면 다시 하기로 하고 영어 이야기부터 합시다. 어땠어요?

1. 1단계: 내국인 강좌로 학습하기

EB 결론부터 말씀드리자면, 대성공입니다. 이젠 우리 방송처럼 미국 방송도 거의 부담 없이 즐기고 현지인들과 의사소통도 스스럼없이 잘합니다. 그럼 단계별로 제가 어떻게 공략했는지 말씀드리겠습니다. 먼저 1단계 내국인 강좌입니다. 저도 영어학습 채널

이것저것 찾아 시청도 해 보았었는데 최고 채널들만 엄선하신 것 같습니다. 영어학습 방법에 대하여 많이 올리는 채널은 제외하신 것 같고, 기본문법 학습, 발음 훈련, 영화·미드 등 듣기와 섀도잉 연습, 비즈니스·생활영어 학습, 구어 작문 학습 등을 대표하는 채널들로 구성되어 있고요. 먼저, '영문법 NEW'에서는 20여 개 동영상 모두를 속도를 조금 빠르게 하여 수강했습니다.

나 동영상 개수는 적지 않지만 모두 분량이 길지 않고 깔끔 명료하게 강의해서 부담이 거의 없었을 거예요.

EB '쓰는영어' 채널에서는 강사님이 저를 포함해서 우리나라 사람들이 대부분 틀리기 십상인 부분들을 콕콕 집어서 문법 원리에 입각하여 명료하게 설명해서, 이해가 쏙쏙 되고 기억에도 각인되고 뭔가 개운한 느낌까지 들 정도로 좋았습니다. 그래서 거의 모든 동영상을 수강했습니다.

나 강사님이 미국에서 영어 교육을 전공하고 우리나라에서 십 년 이상 강의와 첨삭 지도도 하셨으니 그럴 수밖에 없죠.

EB '갓주아TV' 채널에서는 일단 '소리 튜닝 100일 프로젝트'를 강사님처럼 손짓도 하고 몸도 들썩여 가며 큰 소리로 따라 하며 마스터했고, 그 밖의 소리 튜닝 동영상들도 같은 방법으로 많이 수강했습니다. 이거 대박입니다. 처음 김 선생님 발음현상 강의 중 빠르게 발음하는 원음 부분 따라 하기가 어려웠었는데, 여기서 연습한 방법으로 하니까 2단계는 물론 3단계의 빠른 드라마 등도 섀도잉이 잘 되더라고요. 강의에 이용한 영어방송 클립의 표현들도 좋은 구어 영어학습 거리였고요.

나 솔직히 저도 '갓주아TV' 채널 좀 늦게 알았는데, 제 발음 실력이 여기서 연습해 본 이후 크게 늘었습니다. 발음현상과 철자 발음은 물론 발성, 호흡, 강세, 리듬까지 따라 하니까 섀도잉도 제대로 되고 또 듣기 실력도 크게 증진되는 것을 느꼈습니다. 그 채널의 한 동영상에서 그렇게 과하게 액션까지 취해 가며 발음 연습을 할 필요가 있느냐는 댓글을 보았습니다. 하지만, 발음 또는 섀도잉 방법에 대해 머리로만 배우는 것은 무의미하고, 반드시 가능한 한 많이 큰 소리로 따라 하며 온몸으로 익혀야 합니다. 목소리 톤도 높이고 몸짓도 과도해 보일 정도로 크게 하면서 연습하면, 나중에 실제 말할 때 의식하지 않아도 원어민처럼 발음하게 됩니다.

EB   맞습니다. 그런데 강사님이 에너지 넘치고 다이내믹하게 강의하시니까 자연스럽게 그렇게 따라 하게 되더라고요. '영어패턴', 'ATTIC 영어상영관', 그리고 '영어는 반복이다' 채널의 동영상들은 모두 섭렵했습니다. 앞서 익힌 발음 방법으로 섀도잉도 해 보면서요.

나   앞으로 3단계에서 모르는 어휘·어구 찾아서 해석해 가며 연습할 텐데, 그에 대비하여 사전 준비 운동하는 거라고 생각하며 열심히 연습할 필요가 있습니다.

EB   '구슬쌤'과 '폼나는 영어' 채널의 동영상들도 거의 모두 수강했습니다. 나중에 3단계 연습할 때 여기서 배운 관용구나 표현들을 여기저기서 만날 수 있었습니다. 군더더기 없이 뉘앙스 차이, 격식 등에 대해서까지 설명해 줘서 더없이 좋았습니다.

나   저도 마찬가지인데, 여기서 익힌 표현들을 실제 드라마 등 영상에서 다시 만나면 기억에 각인되는 느낌이 들었어요. 그래서 듣

	기는 물론 말하기 실력 증진에도 크게 도움이 되었고요.
EB	'라이브 아카데미와 토들러' 채널에서는 1단계 학습할 때는 시제, 가정법, 구동사 등에 대한 강의를 수강했고, 구어 작문 강의들은 3단계를 한동안 거친 후 말하기와 글쓰기 연습 때 활용했습니다.
나	'라이브 아카데미 채널'의 구어 작문 강의는 초보자일 때는 작문이 아니라 문장을 해석하는 공부에 활용하면 좋습니다. 이 채널은 영어는 물론 우리말의 미세한 차이까지 짚어 주며 영작하는 명강의들로 가득 차 있죠. 자, 1단계는 여기까지인데 말씀하신 것처럼 학습하는 데 몇 달 정도 소요되었나요?
EB	두 달 넘게 걸린 것 같아요. 하루 종일 컴퓨터 앞에 앉아서 학습하는 날도 꽤 있었고 이런저런 자투리 시간에는 주로 스마트폰으로 수강하였습니다. 내용들이 모두 좋아서일 수도 있고 앞으로 호기심 만땅의 2, 3단계 과정이 기다리고 있어서 그럴 수도 있는데, 신명 나게 열심히 수강했습니다.
나	로드맵과 목표가 선명하게 그려질 정도로 명확하고 학계의 실증 연구 결과에도 부합하는 방법이라 그럴 것입니다.

2. 2단계: 원어민 강좌로 몰입하기

EB	2단계는 영어를 영어로 배우는 원어민 강좌들인데, 이거 보니까 이제는 시간과 돈 들여가며 학원 다닐 필요 없을 것 같아요. 듣고 싶은 강의 골라서 아무 때나 수강할 수 있고, 또 잘 안 들리거나 암기하고 싶은 부분의 반복 수강도 가능하잖아요.

나	어휘, 어구, 표현, 문법 등 강의 내용도 학습하고 강사의 강의 소리를 반복해서 듣고 따라 하며 듣고 말하는 실력도 키우는 일석이조의 효과가 있죠. 학원 수강은 강사와 대화할 수 있는 장점이 있는데, 수강생이 다수이면 그럴 기회가 사실 많지 않습니다. 몇 마디 주고받는다고 말하기 실력이 늘지도 않을 것이고요.
EB	2단계 역시 많은 채널 중에 엄선하신 것 같습니다. 내용도 다양하고 무엇보다 강사의 말소리가 모두 명료해서 좋았습니다.
나	거기에 더하여 모두 자체 작성한 스크립트가 제공되는 채널들이죠. 괜찮은 채널인데 아쉽게도 그런 스크립트가 제공되지 않아 제외한 것들도 꽤 있어요. 예컨대, 'Learn English with TV Series', 'Go Natural English', 'Learn English with EnglishClass101.com' 등입니다.
EB	2단계 원어민 강좌들은 전반적으로 어렵지 않은 단어나 표현으로 또박또박 발음해서 듣기가 크게 어렵지 않았습니다. 1단계에서 학습한 효과도 작용했을 것이고요.
나	3단계의 미드 등을 이용한 본격적인 영어 인풋 및 습득 단계로 가는 중간에 이런 원어민 강좌라는 다리가 있다는 것은 초보 학습자들에게 횡재라고 해도 과언이 아니죠.
EB	영국 영어는 다음 기회로 미루고 미국 영어 강좌만 수강했습니다. 왜냐하면 제가 미국에 갈 예정이고 3단계가 모두 미국 영어 채널로 구성되어 있어서요. 다만, 미국과 영국 출신 부부가 진행하는 'Simple English Videos' 채널의 강의들은 미국 강좌들 못지않게 즐기며 많이 수강했습니다. 두 분 부부가 자상하고 쉽게 상황극도 적절히 섞어서 찰떡궁합이 되어 대화하며 하는 강

의라 재미있고 알차고 듣기도 난해하지 않아서였습니다.

　다른 강좌들도 하나같이 내용이 다양하고 또박또박 발음하며 강의해서 어휘, 어구, 표현, 문법 등에 대한 동영상들을 중심으로 많이 수강하였습니다. 그리고 부부, 가족, 외부 게스트 등과 다양한 주제나 토픽에 대하여 대화하는 형식의 강의도 챙겨서 수강했는데요. 강의 내용은 물론 강의 소리를 이용한 리스닝과 섀도잉 연습하기에 더없이 좋았습니다.

나　강좌들 내용은 대동소이한데 각자 특징이 있죠. 영국 영어 강좌는 발음만 차이가 날 뿐 강의 내용은 미국 강좌와 같이 다양하고 알차니까 기회가 되면 수강해 보세요.

3. 3단계: 네이티브 영어채널로 인풋 및 습득하기

EB　3단계는 이것저것 닥치는 대로 시청했는데 비중을 많이 둔 채널들을 중심으로 말씀드리겠습니다. 미드와 애니 클립에서는 우선 'Friends'는 거의 다 시청한 것 같습니다. 1단계에서 사전 연습도 했고 비록 중도 포기했지만 이전에도 시도해 본 적이 있고 3분 전후 분량이라 부담스럽지도 않아서요. 그리고 직장 내 일상과 희로애락을 담은 'Brooklyn Nine-Nine'과 'Superstore', 연애나 사랑을 주로 다룬 'Will & Grace' 등을 중점적으로 보았습니다. 애니메이션은 제가 좋아해서 처음에 좀 보다가 과격하고 맥락이 이해가 안 되는 것도 있고 해서 제외하였습니다.

나　저도 같은 이유로 'Friends'는 올라온 것 모두 보았고요. 남자라서 그런가 'One Chicago'와 'Law & Order'가 좋았습니다.

그리고 'The Office'와 'Brooklyn Nine-Nine'이 직장생활 이야기라 많이 보았습니다. 사람들이 직장 영어를 배울 목적으로 'The Office'를 많이 보는 것 같던데, 과장되거나 장난 설정이 많아서, 제 생각에는 오히려 'Brooklyn Nine-Nine'이 더 괜찮은 것 같았습니다. 경찰 드라마지만 수사에 대한 내용은 거의 없고 경찰서 구성원 간의 사무실 내 일상사나 옥신각신 내용 위주이기 때문입니다. 애니메이션은 짤막한 표현이 많아서, 초·중급자가 구어 영어 익히기에 그런대로 좋기는 합니다.

EB 스케치에서는 'Studio C'만 주로 보았습니다. 이런저런 실생활 관련 설정이 있어서 생활영어 습득에 유용한 편이라서요. 나머지는 내용이 제 관심 대상이 아니고 과격한 것 같아서 제외하였습니다. 청소년 미드 중에는 'Brat TV' 채널의 'Chicken Girls'를 챙겨서 보았습니다. 다른 드라마들과 달리 풀 영상을 모두 업로드하는 데 한 회분 분량이 10분 전후입니다. 청소년 애니들은 랜덤하게 골라서 자주 보는 편입니다. 단, 하나를 보면 전이나 후 동영상 다섯 개 정도를 연속해서 보았습니다.

나 저도 'Studio C'를 즐겨 보고 'Key & Peele'도 내용에 관심이 있어서 종종 보는데 다소 어렵더라고요. 'Brat TV' 채널의 'Chicken Girls'는 학교를 주 무대로 한 학생 드라마인데 일반 사회생활과 유사한 설정 위주입니다. 관용어구가 많이 등장하여 초기에는 다소 버겁더라고요. 청소년 애니는 모두 상대적으로 쉽고 나름 재미있죠.

EB 토크쇼는 'TheEllenShow' 채널이 일반인 출연자도 자주 나오고 Ellen의 발음이 듣기 좋아서 많이 보고요. 이외 토크쇼 중에도 여자가 진행자인 것을 위주로 시청하고 있습니다. 아무래도 여성과 관련된 왕수다들 때문이겠죠.

나 저는 남자가 진행자이고 정치 문제를 다루는 토크나 모놀로그를 위주로 즐기고 있습니다. 물론 'TheEllenShow' 등도 많이 챙겨 봅니다.

EB 일상생활 영어채널들 대박입니다. 저 이거 Family Vlog들 중심으로 미드 이상으로 비중을 두어 많이 시청하고 있습니다. 제가 아이를 키우는 가정주부이다 보니, 가정 내지는 가족 생활영어 습득에 더없이 좋고 공감 가는 부분도 많고 재미도 있기 때문입니다.

나 무엇보다 아이들의 짧고 즉흥적인 구어 표현들을 접할 수 있어서 좋죠. 어른들도 실생활에서 쓸 수 있는 쉽고 자연스러운 표현들이니까요. 형제와 자매 Vlog들은 말이 너무 빨라 정신이 없을 정도입니다.

EB 뉴스/보도나 해설/다큐/연설/강의 폴더의 채널들은 아직 본격적으로 공략하지 못했습니다. 아, 제가 반려견 등 동물을 좋아해서 'Animal Planet'와 'Nat Geo WILD' 채널은 자주 시청하고 있습니다.

나 저는 정치나 경제에 관심이 많아서 관련 뉴스를 챙겨 보고 있습니다. 저도 시고르자브종 강아지랑 살아서 동물 다큐 즐겨 보고 있고 'English Speeches' 채널 등에서 정치나 경제 관련 명사들의 연설도 챙겨 보는 편입니다.

EB 시고르자브종도 있나요? 처음 들어봐요.

나 어느 시골 마을 닭장에서 태어난 믹스견을 입양했는데요. 시골

잡종인데 뭔가 있어 보이게 하려고 늘려서 시고르자브종이라고 부른대요.

EB   아, 웃겨요. 제가 모르는 대단한 서양 품종견인 줄 알았네요. 그건 그렇고 뉴스는 미국 가서 TV로 보고 있습니다. 실제 살면서 이런저런 경로로 알고 있는 일상생활이나 사건 사고와 관련되고 미드 등보다 명확하게 발음해서 그런지 상당히 빠르게 말하는데도 대부분 이해가 됩니다. 아, 그리고 마지막 기타의 우리 이야기 폴더에 있는 '릴리가족'과 'cari cakes' 채널 너무 좋습니다. '릴리가족'은 자녀 교육, 정체성 등 저도 맞닥뜨린 문제와 관련되는 내용이 많고 'cari cakes'는 한국 생활과 여행지에 대하여 차분하고 정겨운 목소리로 설명하기 때문입니다. 외국인과 대화할 때 써먹을 만한 이야깃거리들이 있어서 표현들도 꼼꼼히 챙기면서 시청했어요.

나   본인과 관련되거나 평소 관심 대상이거나 배경지식이 있는 것들은 듣기가 상대적으로 수월하고 기억에도 오래 남는 경향이 있습니다. 그런 의미에서 '션 파블로', '하이채드', '에밀튜브' 등 채널도 유용하고 유익하니까 시간 나면 챙겨 보세요. 어린이 애니 폴더의 채널들은 시청해 보셨나요? 제가 괜찮은 것들만 모아 놓았는데요.

EB   아, 좀 보다가 말았어요. 제가 영어를 빨리 배워야겠다는 조급함 때문에 계속 시청하지는 않았는데, 성인에게도 여유가 있으면 느긋하게 생활영어 익히고 귀 뚫기 연습하기에 괜찮은 것 같았어요. 우리가 유아나 아동 시절 간단하고 쉬운 것부터 시작하여 점진적으로 익히지 않고, 커서 난해하고 추상적인 어휘·어구 위주로 공부해서 그런지, 쉬운 듯한데 낯설거나 이해가 잘 안 되는 어휘나 어구가 있기도 하고, 발음이 명료하지 않은 부분이 있어서 그런지 듣기가 만만하지 않은 부분도 좀 있었어요. 단, 작은 아이한테 이것저것 많이 시청하도록 해 주었어요. 하지만 영어학습 효과가 어느 정도 있었는지는 잘 모르겠습니다. 막내가 미국학교 입학하자마자 적응 잘하고 잘 다니는 것 보니 효과를 본 것 같기는 합니다만.

나 아이가 많이 보았다면 당연히 효과가 있었을 거예요. 우리 집 아이들 어릴 때 Disney Channel, Cartoon Network, Nickelodeon 등 어린이 방송을 많이 보았어요. 미국에 있을 때도 그랬고 귀국해서도 위성 방송으로 보았어요. 이후 영어 학원은 한 번도 보내지 않았는데도 영어 성적은 항상 좋았어요. 자, 이제 3단계 채널들까지 리뷰가 끝났네요. 그런데 제 경험에 의하면, 3단계 연습할 때 초기 상당 기간은 모르는 어휘, 어구 등이 많아서 일일이 검색 확인하여 해석하느라고 많이 힘들었는데요.

EB 맞아요. 처음에는 상당히 힘들고 에너지 소모도 많이 되었어요. 초기에 연습한 자료는 2~3분 길이의 미드 등 TV 방송 클립들인데, 거기에 나오는 구어체 관용어구 중 모르는 게 적지 않았어요. 네이버 사전과 구글 검색해도 없어서 스킵하기도 했고요. 또 알고 있는 뜻으로는 해석이 되지 않아 사전을 검색해야 하는 쉬운 단어도 적지 않았고요.

나 모르는 단어나 숙어가 많으면 시간도 많이 걸리고 맥이 끊겨서 포기하기 십상인데, 종이 사전이 아닌 스크립트 클릭 또는 블록 설정하여 검색하는 네이버 사전 등을 이용하면 손쉽고 빨라서 그런 문제가 해소되죠. 저는 스마트폰의 영어 한방 검색 사전 앱도 애용하는데, 한 단어에 대하여 영영 사전 여러 가지와 네이버 영한사전 등의 검색 결과를 예문도 포함하여 훑어보면 의미와 용례를 이해하는 데 최고입니다.

EB   관용어구나 고유 명사는 사전에는 없고 구글에서만 검색되는 경우가 적지 않았습니다. 어휘·어구 검색 얘기하다 보니 생각나는 게 있어요. 사전 검색하면 예문들도 있는데요. 이 중 쉽고 대화할 때 자주 쓰일 것 같은 것을 중심으로 노트에 필사, 즉 베껴 적어보기도 했습니다. 또 유튜브 동영상 보다가도 괜찮은 표현이나 어구가 있으면 역시 노트에 필사하면서 기억에 오래 남도록 음미하였습니다.

나   저도 그랬는데요. 사전과 동영상의 괜찮은 예문이나 표현을 일별한 다음에 안 보고 필사하는 연습을 했습니다. 초반에는 스펠링이 틀리고 관사 등이 빠지는 경우가 적지 않았는데 점차적으로 개선되었습니다. 어휘나 어구 검색 결과를 노트 정리하여 복습할 때 활용할 수도 있는데, 블로그 등을 만들어 기록하면 언제 어디서나 스마트폰으로 들여다볼 수 있는 장점이 있을 것입니다. 다만, 저는 기억을 위해 노트에 필사는 했는데 복습을 위한 정리는 하지 않았습니다. 그럴 시간에 새로운 자료들을 많이 인풋하는 것이 좋다고 판단했기 때문입니다.

EB   3단계를 이전 단계 동영상들의 선별 학습도 병행하며 넉 달 정도 습득할 때쯤 미국에 갔는데 거기서 현지 TV도 시청했습니다. 그러던 중 어느 날 아주 기분 좋은 경험을 했어요. 우연히 Lifetime Movie TV 채널에서 영화를 보게 되었는데, 소리식별이나 내용 파악에 신경 쓰지 않고 그냥 우리 방송 보듯이 시청했는데도 처음부터 끝까지 내용 파악이 다 되었어요.

남편과 사별하고 이십여 년간 혼자 살던 중년의 여자가 지능이 모자라는 젊은 애와 사랑에 빠지게 되어 결혼까지 하게 된다는 이야기였어요. 정원을 가꾸기 위해 고용한 그 애에게 글 읽기를 가르치다가 그만 서로 사랑하게 된 것이죠. 그 애 아버지는 원래 자기가 죽으면 그 여자가 아들의 가디언이 되어 주길 바랐어요. 시집간 딸이, "왜 친누나가 있는데 딴 사람에게 동생을 맡기려 하느냐"고 하니까, 아버지가 "너는 결혼해서 네 식구 챙기다 보면 동생 뒷바라지에 소홀할 수밖에 없다"고 하는 등 옥신각신하는 차에, 아들 왈, "나 그 여자와 결혼할래요". 그 여자도 자신이 그 애를 사랑하고 있다는 것을 알고는 결혼 승낙을 요구하기에 이릅니다. 결국 모두의 축복 속에 결혼식을 올리게 되었죠.

나 　와! 축하드립니다. 소리식별이나 내용 파악에 집중하지 않아도 이해가 되었다면 이제 정상 수준에 다다른 것입니다. 저도 미국에 있을 때 라이프 타임 영화 채널을 본 적이 있는데, 거기서 방영하는 영화들은 대부분 내용이 실화거나 실화를 소재로 한 것들입니다. 그래서 다른 방송들보다 알아듣기가 좀 수월하긴 하지만, 그래도 영화 한 편을 모두 이해하며 시청했다는 거, 경사가 아닐 수 없습니다.

EB 　미국에 살면서는 3단계 위주로 연습하면서, 실제 TV 방송의 뉴스나 드라마, 영화 등도 즐기고 있고, 소설책 등도 종종 읽고 있습니다. 예전에는 소설 읽으려면 모르는 단어도 많고 해석도 잘 안 되어 중도 포기하곤 했는데 이제는 괜찮아졌어요.

| 나 | 이 정도 되면 3단계 동영상들이 대부분 들리고 모르는 어휘나 어구도 많이 줄어서 습득하기가 많이 용이하죠. 여하튼 새로운 관용구나 표현도 익히고 말하기가 더 수월해지도록 섀도잉도 하기 위해서 3단계 채널들은 계속 챙겨 연습해야 할 것입니다. 1, 2단계에서 새로 올라오는 것도 선별하여 수강하면서요. 특히, EB 님과 달리 국내에 거주하여 영어를 쓸 기회가 거의 없는 학습자들은 이런 학습 및 습득 활동을 계속해야 합니다. 그렇지 않으면 잊어버리기 십상이기 때문입니다. |

4. 청출어람

| EB | 영어 습득은 평생 하는 것이라고 갓주아TV 강사님도 강의에서 말씀하셨어요. 요즘, 저는 순전히 김 선생님 덕분에 영어에 흠뻑 빠져 지내고 있습니다. 예전에 미국에 있을 때는 한국 비디오만 보다시피 했는데 이제는 미국 방송들을 즐겨 보고 있어요. 또 장 보거나 외식할 때, 스쿨 강의 들을 때 등 기회만 있으면 현지 사람들에게 일부러 말을 거는 등 듣기뿐만 아니라 말하기도 별 어려움 느끼지 않고 많이 하고 있습니다. |
| 나 | 오우 멋져요. 성격이 외향적이신가 봅니다. 나는 미국에 있을 때도 어쩔 수 없이 말을 해야 할 때만 했는데. 서바이벌 잉글리시라고나 할까? 듣기가 어느 정도 가능해지면 EB 님처럼 말하기 시도도 적극적으로 많이 해야 말하기 실력도 빨리 늘 텐데, 국내에서는 그런 환경을 접하거나 조성하기가 쉽지 않은 게 좀 아쉽죠. 그래서 듣기는 물론 섀도잉과 어구 익히기도 많이 하면서 동 |

시에 가상 상황을 설정하여 이들을 응용한 자문자답 등 말하기 연습도 꾸준히 해야 합니다.

EB 예전엔 영어를 잘하려면 원어민과 자주 만나 대화를 시도해야 한다고 누가 말하면 짜증부터 났었는데. 도대체 영어를 알아듣고 입이 트여야 만나던 대화를 하던 할 거 아녜요.

나 잘하는 사람이 못하는 사람에게 자기 실력을 기준으로 조언을 하니 언짢게 들릴 수밖에 없겠죠.

EB 그리고 실제 유튜브로 영어 습득하면서 느낀 건데, 학교에서건 학원에서건, 시험 준비에 중점을 두어서 그런 것 같습니다만, 우리나라에서는 어려운 것을 위주로 가르치고 배우는 것 같습니다. 쉬운 것은 거들떠보지도 않는 경향이 있고요. 그런데 그런 어려운 것들은 대부분 실제 생활에서 자주 쓰이지 않습니다. 그래서 어렵고 힘들게 배우는 데 반해, 실제 영어 듣고 구사하는 실력은 밑바닥 수준을 면하지 못하는 것이고요.

실생활에서 많이 쓰이는 쉬운 어구나 표현들을 자주 접해서, 이들부터 귀와 입에 익숙해지도록 해야 하는 것은 두말하면 잔소리잖아요. 그런데 사실은 영어방송 등을 즐기며 인풋하고 습득하는 방법이 바로 그런 훈련이잖아요. 실제 생활에서 자주 쓰이는 표현은 어느 방송에서나 나오고 또 자주 나오니까요.

나 비슷한 말씀을 Effortless English 팟캐스트의 원어민 강사도 했죠. 일본 얘기인데 우리도 똑같은 상황입니다. "영어 습득에는 반복 듣기가 중요한데 학교에서는 진도를 나가야 하므로 그런 식으로 가르치기가 원천적으로 어렵다. 영어가 아닌 자국어로 영어를 가르치는 것도 문제다. 듣기, 즉 입력을 계속하다 보면, 어느 순간 뇌리에 꽉 차서 터지듯 출력, 즉 말문이 빵 터지게 된다. 영어는 학문이 아니고 스포츠에 가깝다. 왜냐하면 수학처럼 문법 공식 외우고 문장 분석하는 식으로 공부해서는 발전할 수 없고, 스포츠처럼 지속적으로 실제 연습을 해야 하기 때문이다. 문법책은 태워 버려라" 등등.

EB 아, 저도 그 팟캐스트 과거 파일들까지 많이 들어 보았어요. 말씀을 시원시원하고 명료하게 하셔서 알아듣기가 수월하더라고요. 내용도 백 프로 공감이 되고요. 다만, 우리들에겐 발음현상이라는 걸림돌이 있다는 것에 대하여는 잘 모르시는 것 같았어요. 많이 들으라고만 하지, 발음현상이나 듣는 방법에 대한 언급은 없었잖아요.

나 맞아요. 요즘 영어 듣고 말하기 습득에 효과적이라면서 영어 강사 등 전문가들도 많이 추천하는 섀도잉도 어느 정도 이상 발음현상과 발음기호 소리식별이 되고 발음 방법도 알아야 가능합니다.

EB 참, 그리고 제가 공부하다 의문이 생겨서 미국인에게 물어보고 확인한 것이 몇 가지 있는데, 들어 보시겠어요? 먼저 can과 can't의 구분에 대한 것입니다. 보통 can은 [kən]으로 약하게 발음하고 뒤따르는 동사에 강세를 주고, can't는 [kæn^](^는 성문 파열음 발음기호)으로 강하게 발음하고 뒤따르는 동사에도 강세를 줍니다. 그런데 '할 수 있다'를 강조하여 말하는 경우가 많은데, 이때는 can도 [kæn]으로 강하게 발음한답니다. 다만 이때에는 뒤따르는 동사에 강세를 주지 않는다고 합니다.

나 그렇군요. 그런데 원어민들조차도 실제 대화를 하거나 방송을 들을 때, 전후 문맥이나 분위기에 의해서 긍정인지 부정인지를 판단하는 경우가 많다고 해요.

EB 또 김 선생님께서도 느껴 보셨는지 모르겠지만, 원어민들 말을 들어 보면 목구멍 안쪽 내지는 폐부로부터 발성되는데, 이 때문에 소리식별하기가 더 어려운 때가 많잖아요. [k], [g], [h], [r]과 후설 모음인 [ɔ], [ɑ], [u:], [ou] 등은 원래 그렇게 발음하는 것이고, 약모음인 [i], [ə], [e], [u] 등도 구강의 긴장을 풀기 때문에, 마치 목구멍 안쪽으로부터 발음되는 [h]음이 붙은 것처럼 즉, [ih], [əh], [eh], [uh] 등으로 들리는 게 일반적이라고 합니다. 말을 할 때 이런 식으로 발음하면 원어민이 말하는 소리처럼 들릴 거라고 하는데 쉽지는 않더라고요.

나 아, 약모음들을 그렇게 발음하니까 전체적으로 가슴으로부터 내는 소리로 들리는 것이군요. 이와 관련해서는 갓주아TV 채널에서 몸으로 습관화될 때까지 익힐 필요가 있습니다.

EB 영어에 푸욱 빠지니까 영어 실력이 느는 것은 물론 생활도 안정이 되었습니다. 예전에 처음 미국 갔을 때는 남편은 남편대로 바쁘고 나는 의사소통이 안 되니 혼자 나다니지도 못해서, 집에서 혼자 와인이나 축내고 인터넷 접속하여 여기저기 헤매거나 한국 비디오 보며 시간 죽이면서 의미 없이 지내는 때가 적지 않았습니다. 이젠 술은 입에도 안 대고 한국 드라마는 가끔 인터넷을 통하여 보는 정도입니다.

생활이 안정되고 규칙적으로 살다 보니까 몸도 훨씬 가벼워지고 피부도 탱탱해지고 또 한결 젊어진 것 같이 느껴집니다. 전에 말씀하신 것 같은데, 걸으면서 들으면 집중하기가 더 잘돼서 거의 매일 하루 1시간 이상 영어 들으며 걷기 운동을 해서 그런 것

	같기도 하고요. 모두 김 선생님 덕분입니다. 다시 한번 감사드립니다.
나	좋긴 좋으신가 봐요. 그리고 자신감도 확실하게 붙었고요. 말씀이 우렁차고 힘이 배어 있어요.
EB	어머, 제가 좀 흥분했나 보네요. 그도 그럴 만한 게, 앞으로 더 즐공해야 하겠지만 제 삶의 큰 걸림돌 하나가 제거된 것 같이 느껴지니까요. 너무 감사해요. 이거 어떤 식으로 감사 표시를 해야 하나.
나	감사는 제가 드려야죠. 제 방법을 완벽하게 소화하고 리뷰도 해주시고, 또 효과가 어땠는지도 온몸으로 증명해 주셨잖아요. 그러고 보니 EB 님은 비교적 짧은 기간에 영어 의사소통이 가능해지셨네요. 반면, 저는 시행착오까지 겪어가며 비체계적으로 학습했기 때문에 시간이 오래 걸린 것 같고요. 솔직히 지금도 부족함을 많이 느끼고 있고 시간 날 때마다 최신 소식이나 정보도 접할 겸 듣고 따라 말하기 연습을 계속하고 있어요.
EB	언어라는 게 원래 완전히 마스터한 다음에 활용하는 게 아니잖아요. 아는 만큼 실제 의사소통에 활용하면서 동시에 이런저런 습득도 계속하여 실력을 증진시키는 거죠. 그래서겠지만 특히 성인이 돼서야 영어공부를 본격적으로 시작한 분들 중에 스스로 영어를 잘한다고 자신 있게 말하는 분을 못 본 것 같아요. 미국의 유명 대학에서 석박사 과정을 졸업한 교수님 등 몇 분을 제가 아는데, 국제회의, 토론 등 영어가 필요한 상황이 오면 스트레스를 적지 않게 받는다고 하더라고요. 우리나라가 다방면에서 특별하고 그에 대한 외국인의 관심도 많아서 할 말은 차고 넘치는데 단지 영어 의사소통 문제 때문에 그런다고 합니다. 그런데 제가

보기에 그분들 모두 영어를 아주 유창하게 잘하거든요.

나   미국 등 영어권 국가에서 어려서부터 살지 않은 사람들 거의 모두 석박사 불문 그런 것 같습니다. 여하튼 EB 님은 체계적으로 단계를 밟아 가며 학습하고 습득했고 또 미국 생활을 해야 한다는 뚜렷한 동기가 있어서 저보다 훨씬 짧은 기간 동안에 실력이 크게 느신 것 같아요.

5. Trap and threshold

EB   무엇보다 선생님이 전수해 주신 쌈박한 공부 방법 덕분이죠. 자, 이제 대미를 장식해 주세요. 마지막으로 제게 해 주실 말씀 없으세요? 충고도 좋고 격려도 좋습니다.

나   경제 발전에 관한 이론 모형 중에 'trap and threshold'라는 게 있습니다. 우리나라 1인당 국민 소득이 2만 불 후반에서 3만 불 초반에 정체되어 있잖아요. 선진국 수준이라고 하는 4만 불대에 진입하기 위해서 많이 노력하고 있는데 잘 안 되는 것 같아요. 앞의 수준을 함정(trap)이라고 하는데 그 수준을 벗어나기가 쉽지 않아서 그렇게 부른답니다. 그러나 열심히 노력해서 또는 어떤 계기로 인해 일단 한 번 4만 불 수준인 문지방(threshold)을 넘으면, 그다음부터는 경기적인 변동은 있더라도 더 이상 후퇴하지 않고 지속 성장(sustained growth)하게 된다고 합니다.

    영어도 마찬가지인 것 같아요. 한 번 넘기만 하면 그다음부터는 지속적으로 실력이 늘게 되는 어느 수준, 즉 문지방이 있는데, 그것을 넘지 못하고 번번이 좌절하는 사람들이 많은 것 같습니다.

제가 보기에 EB 님은 이제 막 문지방을 넘어서 지속 성장 궤도에 진입한 것 같습니다. 왜냐하면 순전히 잡음으로만 들려서 아무런 도움도 되지 않았던, 그 많은 TV 채널이나 유튜브에서 제공하는 각종 방송 등 들을 거리들이 모두 즐기며 인풋할 수 있는 재료가 되었기 때문입니다.

EB   물건은 같은 물건이로되, 그 효용 가치는 이용하는 사람에 따라 다르다는 이야기시죠?

나   일정 수준에 도달하면, 왜 자연스럽게 그리고 지속적으로 실력이 늘 수밖에 없는가에 대하여 말씀드려 보겠습니다. 현재의 EB 님 같은 경우는 방금 이야기했습니다만, 모두에게 적용되는 일반적인 것입니다. 즉, 각종 영어 유튜브 채널, 영어 TV 및 라디오 방송 등을 모두 재미있게 즐길 수 있고 그래서 많이 시청 또는 청취하다 보면 영어가 자연스럽게 늘 수밖에 없기 때문입니다.

또 영어 실력이 어느 수준에 이르면, 예컨대 중고등학생이면 잘 가르치는 상급 학교에, 대학생이면 교환 학생 또는 카투사가 되어 영어를 더 잘 배울 수 있는 환경으로 쉽게 진입할 수 있게 됩니다.

EB   안 좋게 말하자면 완전히 부익부 빈익빈이네요. 다행인 것은 노력을 좀 하면 빈에서 부로 쉽게 진입할 수 있다는 거 아닐까 해요.

나   제가 다니던 KDI School에 영어를 상당히 잘하는 학생들이 많이 있었어요. 그런데 젊은 학생 중에는 교환 학생 등으로 외국 생활을 해 본 경험이 있는 경우가 많았고요, 나이 좀 든 학생들 중에는 카투사 출신들이 많더라고요.

EB   그런 분들은 이미 오래전에 trap을 돌파하고 문지방을 넘어서,

	외국이나 군대에서 실력을 배가시킬 기회를 잡아 누린 거라고 보면 되겠네요.
나	또 직장인이 영어를 잘하면 외국인과 자주 접하는 일을 많이 하게 됩니다. 해외 출장도 많이 다니고요. 그러면 영어를 계속 이용해야 하므로 실력이 늘지 않을 수 없겠죠. 또 웬만한 규모 이상의 직장에는 유학 또는 외국 파견근무 제도가 있습니다. 다른 조건도 갖추어야 하겠지만, 영어를 못하면 선발해 주고 싶어도 못해 줍니다.
	이런 기회를 잡은 직장인에게 자녀가 있다면, 그 자녀에게도 더없이 좋은 기회가 되지 않겠습니까? 잘 아시다시피 미국에서는 만 5세만 넘으면, 공립학교에서 무료로 아침 8시부터 오후 2시 넘게까지, 그것도 월요일에서 금요일까지 모든 수업을 원어민 선생님으로부터 원어민 친구들과 함께 어울려 영어로만 받습니다. 영어 실력이 금방 늘 수밖에 없죠.
EB	체육 활동 위주이지만 방과 후 학교 수업까지 참여하면 6시까지 학교에서 지내죠. 그나저나 그런 이야기를 외국 유학이나 파견 제도가 있는 직장에 다니는 배우자를 둔 주부들이 들으면, 남편한테 영어공부하라고 들들 볶겠어요. 어쨌든 제가 무사히 문지방을 통과하여 지속적으로 실력이 늘 수 있는 궤도에 접어들었다는 말을 들으니 기분이 더없이 좋네요. 내년쯤에 대학원에 꼭 도전해야지. 그건 그렇고 스위스 주재관 파견 시절 생활은 어떠셨어요? 여행도 많이 다니셨겠네요.
나	네, 유럽 중앙에 있어서 스위스는 물론 주변 국가들도 많이 다녔어요. 자동차로도 다니고 easyjet이라는 저가 항공편으로도

다녔습니다. 고속도로 통행료가 독일, 덴마크 등 북유럽 국가는 없고 프랑스, 이태리 등 남쪽 국가는 있는데 여러 날 여행할 경우 이로 인한 비용 차이가 만만치 않더라고요. 스위스는 5만 원 정도 하는 스티커 하나 사서 차에 부착하면 1년간 무료 통행이고요.

EB 스위스는 물가가 엄청 비싸다고 들었어요. 자연 경관은 세계 최고 수준이고요.

나 레스토랑은 많이 비쌉니다. 점심 간단하게 먹어도 4~5만 원 하고, 우리나라에서 만 원 이내인 햄버거 세트가 3만 원 정도 하니까요. 그런데 시장 봐서 집에서 해 먹으면 서울과 비슷해요. 제가 살던 제네바는 프랑스 국경 지역이라 국경 넘어 프랑스 지역의 까르푸 등에서 식료품을 사면 우리나라보다 저렴해요. 스위스 시골 풍경이 아름다운 건 잘 가꾸고 단장하면 정부에서 보조금을 주기 때문이래요.

EB 그렇군요. 다니신 여행지 중 인상에 많이 남는 곳은 어디세요?

나 스위스 체어마트와 융프라우, 이태리 베니스와 로마, 프랑스 샤모니 몽블랑과 몽생미셸, 독일 베를린과 로렐라이 언덕, 체코 프라하, 네덜란드 풍차 마을 등등 많습니다. 전에도 말씀드렸지만, 미국에서는 자연 경관들이 볼 만했는데, 유럽은 유적지나 유물 볼거리가 무궁무진했어요.

EB 와우! 이름만 들어도 군침이 도는 명소들이네요.

나 호텔은 부킹닷컴으로 예약했는데, 유사한 가격대임에도 어떤 땐 궁전 같은 호텔이 어떤 땐 시골 마을의 외딴 가정집이 예약되는 등 제멋대로였어요. 크로아티아 어느 도시는 호텔은 아예 없고 개인 집 전체 또는 일부 대여만 가능했는데, 집주인이 영어를

#스위스와 유럽

몽블랑, 반고흐 생가 마을, 몽생미셸, 융프라우, 몽트뢰(프레디 머큐리 동상), 마터호른, 베니스, 콜로세움, 바르셀로나, 스트라스부르, 로렐라이 언덕, 마추픽추, 네덜란드, 피에타, 룩셈부르크, 니스

못해서 음성 번역 앱을 이용했어요. 길 찾기는 지역 단위로 미리 다운로드받으면 오프라인에서도 작동하는 maps.me 앱을 이용했고요.

EB 하시는 일은 어떤 거였나요?

나 우리가 수행하는 특정 업무에 대한 새로운 국제 기준과 가이드라인을 만들기 위해 세계 모든 국가의 관련 실태를 조사, 분석하고 보고서를 작성하는 일이 주 업무였어요. 그동안 영어를 배워 왔지만 본격적으로 사용하려니까 초기에는 회의에 참석하고 문서 작성하는 일 모두 버거웠어요. 동일 주제 분야에 대한 것들이라 관련 문헌 읽기도 많이 하면서 지내다 보니 차츰 나아지더라고요. 특히 회의 참석이나 발표할 때에는 사전 준비를 많이 해야 했어요. 하지만 영어 듣기나 발음이 시원치 않으면 그런 준비를 아무리 많이 해도 쉽지 않았을 거예요.

EB 다른 참여자가 하는 말을 알아들을 수 있어야 내 발언도 할 수 있다는 거죠? 그러니까 듣기 실력이 무엇보다 중요하다는 거고요. 물론 자신의 발음도 외국인이 알아들을 수 있는 정도의 수준이 되어야 하고요.

나 맞습니다. 그건 그렇고 제가 실은 EB 님이 성공하면, 저의 영어 학습 방법에 대한 경험 기반 책을 쓸 생각을 가지고 있었어요. 그래서 우리 대화 내용을 그동안 생각나는 대로 메모도 해 두었고요. 괜찮겠어요?

EB 그러세요? 저야 뭐 상관없죠. 저에 대한 개인식별 정보만 거론하지 않는다면요. 아, 그냥 Early Bird라고 쓰면 되겠네요. 그런데 책이 인기를 얻을지는 모르겠어요. 제가 보기에는 결과야 어떻든 영어를 단기간에 쉽게 정복할 수 있다고 쓴 책들이 주로 인기를 끄는 것 같던데요.

나   그러니까 EB 님이 경험해 본 바에 의하면, 제 방법이 그렇게 녹록지는 않았다는 거네요. 하기야 EB 님의 경우 그 누구 못지않게 영어에 대하여 목말라 하고, 또 미국 생활도 하고 Adult school에도 다녔으니까, 기초가 어느 정도 갖추어져 있어서 빠르게 습득했을 수 있을 거예요. 하지만, 어차피 영어 듣고 말하기를 배우고 익히려면 기본적으로 EB 님 정도의 노력과 시간 투자는 해야 합니다.

EB   저의 경우 그렇게 어렵다는 생각이 들지는 않았습니다. 하지만 그렇다고 해서 그렇게 만만하지도 않았고요. 영어공부에는 필수적이긴 합니다만, 능동적이고 자기 주도적으로 해야 했기 때문에요. 그럼 한번 잘 엮어서 영어 의사소통에 목마른 분들의 갈증을 확 풀어 주세요. 참, 선생님 방식으로 공부하면 학원에 다닐 필요가 없는 것이 가장 큰 장점이 아닐까 해요. 돈도 시간도 많이 들고, 또 본인의 수준에 맞게 가르치는 강사를 찾는 것도 쉬운 일이 아니잖아요.

이 대화는 코로나19 팬데믹 발발 수년 전에 나눈 것이다. 팬데믹에 따른 거리 두기나 비대면 생활이 일상화된 요즘에는 본서의 방법이 유일무이한 실용영어 배우고 익히는 대안이라 해도 무리가 없을 것이다.

나   물론이죠. 또 우리말로 가르치는 강의만 수강하면 영어를 접하는 절대량이 턱없이 부족하고, 원어민 강좌는 듣기 실력이 어느 정도 이상 되어야 수강 가능한 문제가 있죠.

EB   외국에서 오래 산 경험이 있는 유튜브 영어학습 강사 중에 섀도잉 방법 추천하는 분이 꽤 있어요. 그런데 외국에 어려서부터 오랫동안 살면서 영어를 배워서 그런 것 같습니다만, 우리나라 사람 대부분이 주로 발음현상이라는 걸림돌 때문에 듣기나 발음이 서툴러서 섀도잉하기 어렵다는 것에 대하여 잘 모르는 것 같아요. 개그맨 전유성의 컴퓨터 학습 방법에 관한 책이 베스트셀러가 된 적이 있어요. 전문가가 아닌 약간 앞서가는 사람이 쓴 책이라 초보자가 가려워하는 또는 힘들어하는 부분을 중심으로 알기 쉽게 서술해서 그랬다고 하더라고요. 선생님도 영어 전문가가 아니고 적지 않은 시행착오도 겪으면서 배우며 앞서가는 중이시라 초보자의 애로점이 무엇인지 누구보다 잘 알고 책을 쓰실 거니까 히트 치실 거예요.

  그럼 이제 영어공부에 관한 얘기는 거의 다 한 것 같으니까, 사적인 질문 하나만 해도 될까요? 선생님 고등학교는 검정고시로 마치고 대학은 야간에 다녔다고 알고 있는데요. 저 같은 보통 사람과는 다른 삶을 살아오신 것 같아요.

VIII. 석별의 시간

1. 등잔불을 아시나요?

나   그랬나요? 지금 귀가하기엔 시간이 아직 이르니까 옛날얘기나 좀 해 볼까요? 제가 살아오는 과정 당시에는 못 느꼈는데, 지금 되돌아보면 좀 버겁게 살았던 것 같아요. 저는 중학교 졸업할 때까지도 전기가 안 들어왔던 시골에서 살았습니다. 경기도 양평군에 있는 강상면 병산리라는 곳인데 이름만 들어도 산골이라는 것을 알 수 있죠. 강 상류 지역의 산으로 병풍을 두른 동네잖아요. 부모님이 저 하나만 낳고 제가 영아일 때 모두 아주 먼 곳으로 떠나셔서, 어려서부터 조부모님 슬하에서 자랐습니다. 이런 걸 조손 가정이라고 하죠.

    가정 형편이 아주 안 좋아서 중학교만 간신히 졸업하고 취직을 위해 바로 상경했어요. 솔직히 중학교 다닐 형편도 못됐는데, 할머니께서 하나뿐인 손자라 무리를 하셨죠. 그래서 고생도 많이 하셨고요. 집에서 손수 맷돌에 콩을 갈아 두부를 만들어서 새벽에 십 리 길 읍내까지 머리에 이고 가서 집집마다 방문하며 팔기도 하고, 산나물을 채취하여 완행열차 타고 경동시장에 가서 팔기도 하면서 학비를 마련해 주셨어요. 땅이 없어서 문중 땅을 좀 빌려서 농사를 지었는데, 가을에 수확을 해도 집으로 가져오는 게 거의 없었어요. 반은 문중에서 지대로 가져가고, 나머지 중 대부분은 지난 겨울 이후 빌린 것을 갚아야 했어요.

EB 중학교 졸업할 때까지 전기가 안 들어온 곳에서 사셨다고요? 믿기지 않네요. 이런 말씀드려도 될지 모르겠지만, 말씀 들으니 요즘 회자되는 흙수저라는 말이 떠오르고요.

나 그러시겠죠. 요즘엔 박물관에서나 볼 수 있는 등잔불을 켜고 살았어요. 집도 초가집이었는데요, 뭐. 지금은 서울에서 자동차로 30분도 안 걸리는 곳인데 말입니다. 여하튼 그런 상황임에도 순전히 할머니 고생 덕분에 중학교까지 졸업했죠. 졸업 후 바로 상경해서 한 3년간 가내 장갑 공장, 자동차 정비 공장, 자동차 부속 상점 등을 전전했어요. 그때, 너무 어려서 그랬는지, 하는 일마다 모두 남들에 비해 영 시원치 않았습니다.

장갑 공장에서는 벙어리 장갑 엄지손가락 부분을 짰는데, 또래들은 한 시간에 150개 이상을 짜는데 나는 70개도 못 짰어요. 정비 공장에서는 도장부에 근무했는데, 초보자라 자동차 바닥 부분에 콜타르 칠하는 일을 주로 했어요. 그런데 칠할 때마다 끈적끈적한 콜타르 액으로 머리가 범벅이 되었죠. 그때 독한 시너로 매번 머리를 감던 생각을 하면 지금도 진저리가 쳐집니다.

지금 종로 3가 서울극장 부근에 있던 자동차 부속 상가에 다닐 때는 자동차 엔진 부품인 실린더, 피스톤 등을 마장동의 정비 공장까지 자전거로 배달하는 일을 주로 했어요. 그런데 다른 애들은 앞바퀴를 들고 달리는 묘기를 부릴 수 있을 정도로 자전거를 잘 탔어요. 나만 모든 게 서투른 데다 자전거 뒤에 무거운 부속

품까지 실려서, 앞바퀴를 뒤뚱뒤뚱하면서 그 복잡한 청계천 길을 곡예 운전하며 다녔습니다. 그러다 보니 당연히 남들보다 배달하는 데 시간이 훨씬 많이 걸렸고요.

그러다가 우연히 우리 부속 상점 사장님 친구분의 소개로 당시 구로구 시흥동에 있는 107번 옥성 운수라는 시내버스 회사의 자재과에 취직을 하였습니다. 거기에서 약 4년간 근무했는데, 그때 검정고시 공부를 했어요. 근무한 지 2년쯤 지난 어느 날 정비사 숙소에서 누군가 보다 버린 기름때 묻은 삼위일체 영어책을 발견하고, 중학교 졸업 후 잊고 지내던 공부를 다시 시작한 거죠. 자재과에서 제가 하는 일은 버스 부속품 창고에 기거하면서 정비사들이 요구하는 부속품을 찾아 주는 거였습니다. 그런데 밤 12시가 넘어서 버스 운행을 하지 않을 때 주로 정비를 합니다. 그래서 저도 그들과 함께 밤을 낮 삼아 일을 하였죠.

일반적으로 보면 아주 열악한 직업인데, 공부를 시작한 제게는 더없이 좋았습니다. 창고에 앉아서 공부하고 있다가, 정비사들이 이따금 들려서 요구하는 부속품을 찾아 주고 다시 공부할 수 있으니까요. 그러다 보니 밤샘 공부도 많이 하였습니다. 무슨 말인지 아시겠어요? 거의 매일 밤 새벽 네댓 시가 되기까지, 공부하다 졸고 있으면 부속품 달라고 수시로 깨웁니다. 그러면 달라는 것 찾아 주고 다시 책을 보는 거죠. 그러다 보니 학교만 다니는 일반 학생들보다 오히려 공부를 더 많이 했던 것 같아요.

EB   와, 본의 아니게 매일 밤샘 공부하셨겠네요.

나   거기에 근무하는 동안에는, 밤잠이 부족하여 건강은 좀 안 좋아졌지만, 공부도 많이 하면서 비교적 안정된 생활을 하였어요.

그런데 그만 병역 문제로 퇴직을 하게 되었습니다. 부모 없는 독자라 6개월간 방위병 근무를 했는데 나중에 복직이 안 되었어요. 그때까지 자리를 비워 둘 수 없어서 다른 사람을 채용했기 때문이었죠. 그래서 다시 아파트 공사장 잡역, 일일 학습지 배달, 고향 삼촌 댁에서 무위도식 등을 하며 한 2년여 동안 어렵고 거칠고 의미 없는 생활을 하였습니다.

아파트 공사장에서는 화장실 세면대 등의 설비를 설치하는 일을 하였습니다. 그런데 하루 일당이 6천 원인데 함바집 식대로 3천 원이 나갔습니다. 6개월 동안 일했는데 인건비가 나오지 않아서 공사장에 기거하며 2개월 정도 기다려야 했습니다. 막상 떠날 때는 2개월 치 식대를 지불하고 나니 무일푼이었습니다.

일일 학습지 배달일도 힘만 들고 남는 게 없었습니다. 월 학습지 구독료가 천이백 원인데 구백 원을 회사에 입금하고, 나머지를 배달자가 가집니다. 그런데 새로 독자를 섭외하면 건당 이천 원의 수당을 받습니다. 회사에서 신규 독자 섭외를 거의 강압적으로 독려하고 또 상대적으로 많은 수당을 주니까, 월 구독료를 천 원으로 깎아 주며까지 독자 섭외를 하는 경우가 많았습니다. 그런데 그렇게 할인해 주는 집에 대하여는 월 구독료에서 백 원만 배달자 몫이 됩니다. 정릉 산동네를 매일 오르내리며 배달하고, 주말에는 신규 독자 섭외한다고 하루 종일 나다니면서 1년여 동안 일했습니다. 하지만 수십 명이 함께 기거하는 지하 단칸방에서 먹고 자며 지낸 것 이외에 남은 것이 역시 하나도 없었습니다.

2. 새로운 세계로

나 　삼촌 댁에서 기거할 때에는 농사일을 거들었습니다. 그런데 솔직히 말하면 농토가 적어서 제가 도와드릴 것도 없었고, 거들어도 소출이 더 늘지도 않았습니다. 말 그대로 잠재 실업자였죠. 그러다가 추석 때 고향에 온 친구들과 이웃 동네 과수원에 들렸다가, 우연히 배를 싼 서울신문에 난 광고를 보고 공무원 시험이라는 것을 알게 되었어요. 이후, 몇 달 동안 공부하여 총무처 9급 행정직 시험에 합격했습니다. 집에 마땅한 공간이 없어서 마을 회관에 있는 조그만 방에서 시험공부를 했어요. 검정고시와 시험 과목이 거의 같고 버스 회사 다닐 때 해 둔 공부가 있어서, 어렵지 않게 합격했던 거 같아요.

EB 　요즘엔 9급 공무원 시험도 경쟁률이 높아서 합격하기가 하늘의 별 따기라고 하던데.

나 　그때 마을 어르신 한 분이 "신호가 20마지기 논농사 짓는 것보다 괜찮은 공무원이 되었구나"라며 칭찬해 주시던 말씀이 지금도 뇌리에 생생합니다. 당시 공부를 시작하기 전까지는 아무런 희망도 비전도 없었기 때문에, 자포자기 상태에서 거의 매일 놀음하고 술에 절어 지냈습니다. 말썽을 피워서 경찰서 유치장에 갇힌 적도 있었어요.

　합격한 다음 해에 교육 행정 공무원으로 발령이 나서 경기도 가평의 한 초등학교 서무과에서 공무원 생활을 시작하게 되었는데, 거기에서는 7급 공무원 시험공부를 했어요. 초등학교라 젊은 남자 선생님이 없어서 어울릴 사람도 없는 데다 교장 선생님이

학교 뒤뜰에 거처를 마련해 주셔서 퇴근 후에 공부하기 안성맞춤이었어요. 그래서 2년여 만에 7급 행정직 시험에 합격하여 서울 생활을 다시 하게 되었죠.

EB　서울에 재입성하였는데 단순한 입성이 아니라 화이트칼라로 금의환향하신 건가요?

나　전화도 있는 번듯한 책상에 앉아서 소위 펜대 굴리는 직장생활을 해 보는 게 꿈인 때가 있었죠. ○○청에 발령받아 근무하던 중 ○○○○위원회가 신설되면서 전입자를 모집한다고 하여 지원을 하였는데 탈락했어요. 탈락 이유가 학력이 고졸이기 때문이라는 말을 듣고 충격받아서, 입시 공부를 하여 성균관대 행정학과 야간 과정을 다니게 되었습니다. 지금 생각해 보니 그 덕에 대학교를 다니게 된 것인데, 그 당시에는 너무 기분이 나빴어요. 왜냐하면, 당시 아주 드문 고졸 출신 7급 합격자라 자부심도 꽤 느꼈고, 남들도 대단하다고 여겨 줄 것이라고 생각했거든요.

EB　7급 시험 과목은 주로 대학교에서 배우는 것들이라고 알고 있는데 독학해서 합격하신 건가요?

나　네. 경제학, 헌법, 행정학, 행정법 등의 과목 시험을 직장에 다니면서 순전히 독학으로 준비했죠. 그럼에도 그런 과목들 문제는 거의 다 맞았고, 영어가 60점대로 점수가 가장 낮았어요. 이건 처음 만났을 때 이미 얘기한 것입니다만, 몇 년 전에는 직장에서 토익 점수 없으면 승진을 시켜 주지 않는다고 해서 영어공부를 시작했고, 내친김에 국비 장기 연수 시험도 봐서 유학까지 다녀왔어요. 과장 시절에는 UN 산하 국제기구에 주재관으로 선발되어 파견근무도 했고요. 저도 마찬가지지만 가족들에게도 짧지

#각종 시험 합격증서

검정고시(1981년), 9급 공무원(1983년),
7급 공무원(1987년), 대학교 입시(1989년)

않은 외국 생활은 유익하고 소중하고 재미있는 경험이었죠. 특히, 아이들에게는 영어도 쉽게 제대로 배우고 국제적 안목도 가지는 기회였고요.

EB   말씀을 듣고 보니 환경에 아주 잘 적응하며 사신 것 같아요. 아니 그 정도의 말로는 부족하고, 주어진 환경을 자신에게 유리한 방향으로 활용하는 데 귀재이신 것 같습니다. 특히, 밤샘 근무하는 직장 덕분에 밤샘 공부를 했다고 하셨는데, 만약에 당시 공부를 하지 않았다면 얼마나 따분하고 힘든 직장생활이었겠습니까?

3. 영어와 분투 시절

나   제 생각에는 제가 의식적으로 그렇게 한 것이 아니라, 우연히 운 좋게 그런 쪽으로 흘러간 것 같아요. 참, 이것도 처음 만났을 때 대강 말씀드린 것 같습니다만, 중간에 영어 때문에 좌절했던 경험에 대하여 얘기해 볼게요. 먼저 직장을 휴직까지 해 가며 행정고시에 도전했다가 영어 점수가 너무 낮아서 두 번이나 고배를 마시고 포기한 경험입니다. 솔직히 말해서 공부해야 할 다른 과목도 많아 영어공부에 투자한 절대 시간이 부족하여 실력이 변변치 않기도 했지만 문제가 있는 시험 문제도 문제였습니다. 예컨대, '필리핀 사람이란 단어의 영문 스펠링이 맞는 것은?', '코끼리의 코는 영어로 뭐라고 하는가?' 등과 같은 유형의 문제들이 있었는데, 솔직히 행정 고시 문제로서 문제가 많은 문제 아닌가요? 나중에 확인해 보니까 필리핀의 스펠링은 Ph로 시작되는데 필리핀 사람은 F로 시작되더라고요. 코끼리 코는 trunk이고요.

답이 뭔지 몰라서 고민하다 찍은 것은 틀렸고, 또 그런 것들 가지고 씨름하느라고 시간을 많이 허비하여, 풀어 보지도 못한 문제도 많았어요. 그래서 첫 시험에서는 여덟 문제를 못 풀고 45점 받았습니다. 그다음 해에는 그 두 배인 열다섯 문제를 못 풀고, 과락인 35점 받았어요. 당시 35세 연령 제한 때문에 1차와 2차 시험 과목을 동시에 공부해야 해서 영어에 투자한 시간이 부족했기는 했지만, 그리고 검정고시, 9급, 7급, 대학 입시 등의 시험을 볼 때에도 여건상 공부량이 부족하여 영어가 전체 평균을 끌어내리는 주범 역할을 한 것도 사실이지만 과락은 너무 심했죠. 그래서 그때부터 영어공부와는 완전히 인연을 끊어 버렸습니다.

EB나 코끼리 코는 유치원 때부터 영어를 배웠어야 맞추셨을 것 같아요. 아, 중간에 겪은 큰 사고 이야기가 빠졌네요. 당시 두 가지 이유 때문에 무리해서 휴직하고 행정 고시 준비를 하였습니다. 먼저, 근무하면서 보니까 고시 출신과 9급, 7급 시험 출신 사이의 차별이 심하더라고요. 하위식 시험 출신은 아무리 열심히 노력하고 일해도 승진 등에서 한계가 있었습니다. 반면, 고시 출신은 대충 일해도 누릴 것 다 누리고 승진도 빨리 하고요. 그리고 이것은 말해도 믿기지 않으실 것 같습니다만, 연탄가스에 중독되어 사흘 만에 깨어난 사고가 있었습니다. 그것 때문에 머리가 많이 나빠진 것 같아서, 몸도 제대로 회복되지 않았고 나이도 많아 무리인 줄 알면서도 진짜 나빠졌는지 확인하겠다고 시험에 도전하였습니다.

당시 성균관대 뒤 달동네에 단칸방을 얻어 잠만 자고 밥은 식당에서 사 먹으며 직장과 야간대학에 다녔습니다. 그런데 구정

때 집주인 가족이 먼저 명절을 쇠러 귀향을 했습니다. 반지하실에 있는 보일러가 얼을까 봐 불을 확 피워 놓고 창문도 모두 닫아 놓고요. 그래서 가스가 1층 제 방으로 스며 올라와서 중독되었다가, 사흘 만에 의식을 찾아 혼자 기어 나왔습니다. 병원에 입원 중 직장 상사 두 분이 면회를 왔는데, 저의 상태를 보고 함께 뒤돌아서더니 한 분이 "눈은 말똥말똥하네"라고 말씀하시더라고요. 아마 가스 중독으로 사흘 만에 깨어났다는 말을 듣고 완전히 맛이 간 것으로 생각하셨던 것 같아요.

    그 말을 듣고부터 머리가 많이 망가진 것 같다는 생각에 노이로제가 걸릴 지경으로 지내다가 그걸 확인하겠다고 시험에 도전했는데, 아니나 다를까 보기 좋게 낙방하였습니다. 이전에는 직장에 다니면서도 도전하는 시험마다 어렵지 않게 합격했는데, 휴직하고 공부만 했는데도 떨어졌으니 중독으로 머리가 나빠졌기 때문임이 분명한 것 같았습니다.

EB   참, 기구한 운명이 따로 없네요. 그런 큰 사고를 겪으시다니. 말로만 듣던 연탄 난방 얘기도 그렇고요.

나   그렇게 낙방의 고배를 마시고 복직했는데, 그 후 7년여가 지나 나이도 40대 중반이 되어 가던 어느 날 난데없이 직장에서 토익 점수를 승진에 반영하는 제도를 도입했습니다. 590점을 못 따면 승진 대상에서 아예 제외하고 그 이상의 점수를 획득하면 점수 대별로 적지 않은 가산점을 주는 식으로요. 그것도 제가 승진 심사 대상이 되는 시기 즈음에서요. 처음에는 '여기는 외통부가 아니다'는 등의 이유를 대며 항의도 했습니다. 그러다가 제가 반대하는 논리가 스스로 생각해도 빈약해서 그냥 공부하기로 마음먹 없어요.

　그래서 토익 시험에 도전하기로 하긴 했는데 처음엔 특히, 그동안 해 본 경험조차 전무한 리스닝 공부를 어떻게 해야 할지 몰라 우왕좌왕했습니다. 당시 대학 입시나 공무원 영어 시험에는 리스닝 영역이 없었거든요. 그러다 우연히 인터넷의 각종 영어방송 등을 알게 되어, 이들을 듣기 연습에 활용하여 7개월여 만에 상위 가산점까지 딸 수준인 820점을 받았습니다. 그때, 놀랍게도 리스닝 영역이 리딩 영역보다 점수가 더 높았어요.

　나아가, 나 같은 사람이 효과를 보았으니 다른 사람들에게도 도움이 될 거라는 생각에 제 경험과 인터넷 방송 출처 및 활용 정보를 체계적으로 정리하여 책까지 쓰게 되었죠. 그리고 내친김에 국비 장기 연수 경쟁 시험에도 도전해서 유학도 다녀왔습니다. 그전에는 도전해 볼 생각조차도 못했던 시험이었는데요.

EB　와! 굉장하네요. 직장에 다니면서 그런 성과를 내시다니 정말 놀랍습니다.

나　그러나 시험은 시험일 뿐이더라고요. 막상 미국에 도착하니까 말 그대로 서바이벌 수준의 의사소통이나 가까스로 가능했습니다.

EB　저도 그랬습니다만, 유학생 중에도 영어 의사소통 문제 때문에 제대로 적응하지 못하고 지내다 별 성과 없이 귀국하는 경우가 적지 않다고 하더라고요.

나　저도 마찬가지로 그래서 영어 듣고 말하기 실력에 별로 진전이 없었습니다. 귀국하여 직장 복귀 후에는 일에 묻혀 한동안 영어를 잊고 지냈습니다. 그러다가 어떤 계기로, 아마 국제회의에 참석했다가 영어가 잘 안 들려서인 것 같습니다만, 다시 다양한 영어 라이브 방송 등의 링크 카페를 개설하여 듣기 연습 위주로 공부를 재개하였습니다. 그러다 역시 아무리 들어도 별로 진전이 없어서 포기하다시피 했습니다.

EB   어떤 계기로 영어공부를 시작했다가 포기하고 다시 또 계기가 생겨 시작했다 실력이 늘지 않아 또 포기하는 식의 행태를 반복하여, 애꿎은 영어 테이프나 교재만 책장에 켜켜이 쌓이는 사례는 아마 비일비재할 거예요.

나   그런데 몇 년 전 스마트폰 등장 이후 유튜브 채널과 학습지원 기능을 이용하여 공부해서 드디어 영어 귀가 뚫리고 말문이 트이기 시작하게 된 거죠. 덕분에 국제기구에 주재관으로 파견되는 기회도 갖게 되었고요.

4. 빌 게이츠는 게으름뱅이를 좋아해

EB   말씀 듣다 보니 김 선생님에게 좀 특이한 면이 있으신 것 같아요. 보통 영어공부하는 사람들 보면 시중에 나와 있는 영어 학습서를 사서 보거나 학원을 다니는 식이잖아요. 그런데 선생님은 스스로 인터넷 영어방송 사이트들을 찾아서 또는 우리가 한 방법처럼 유튜브 채널을 체계적으로 정리해 놓고 각종 지원 기능을 활용하여 듣고 따라 하는 방법으로 연습하셨잖아요.

나   저도 기존 방법으로 공부해 봤죠. 테이프나 CD 딸린 회화책, 숙어집, 미드 표현 모음 책, 회화 사전 등으로 공부도 해 보고 직장 내 원어민 어학 강좌도 수강해 보았어요. 그런데 모두 중도 포기했습니다. 재미가 없어서 또는 실력이 느는 것 같지 않아서 그런 것 같기도 했고, 그런 식으로 공부한다고 공부 목표인 국제회의 등에서 의사소통하거나 외국 방송을 즐길 수 있을 것 같지 않아서인 것 같기도 해요. 아니면 직장 일로 바쁘거나 게을러서 그랬을 수도 있고요.

    그래서 스스로 학습 방법을 찾아 시도해 본 겁니다. 인터넷 방송 사이트 찾아 모아 놓고 듣고 읽는 연습을 하여, 아직 미흡하지만 그래도 괜찮은 토익 점수도 따서 승진도 하고 국비 유학도 다녀왔죠. 스마트폰 보급 이후에는 유튜브 활용 방법을 구축해서 지금에 이르렀습니다.

EB 그러고 보니 먼저 방법 체계를 구축해 놓고 공부를 시작하는 것도 선생님 성격인 것 같습니다. e 리스닝 책은 인터넷으로 접할 수 있는 다양한 영어방송 소스를 정리한 것이고, 다음카페도 마찬가지고, 발음기호와 발음현상 섭렵 동영상 만들고, 마지막으로 이번 단계별 유튜브 채널 학습 및 습득 체계도 구축하셨잖아요.

나 그렇네요. 뭔가 구체적인 로드맵이 그려져 있어야 목표와 희망을 가지고 지속적으로 공부할 수 있다고 생각해서 그런 것 같습니다.

EB 말씀 들으니까 빌 게이츠의 "난해한 일은 항상 게으름뱅이에게 시킬 것이다. 그들은 용이한 방법을 고안해 낼 것이기 때문이다(I will always choose a lazy person to do a difficult job. Because they will find an easy way to do it)"라는 말이 생각나네요.

나 헐, 저의 경우 게을러서는 아닌 것 같은데요. 저도 그 빌 게이츠 어록 아는데 게으른 사람은 새로운 방법을 개발하고 프로그래밍하여 업무를 빠르고 수월하게 하려는 경향이 있기 때문이랍니다.

	그런데 저는 남들에 의해 제작되거나 개발된 콘텐츠나 기능들을 찾아 엮어서 활용하는 방법을 고안한 것이라, 동기는 유사할지 몰라도 개발하는 방법은 그 경우와 다른 것 같네요.
EB	그거나 그거나 매한가지 아닐까요?
나	제가 이런 과정을 거치면서 느낀 건데, 우리나라 사람들이 시간과 비용을 적지 않게 투자하며 노력하면서도 영어 습득에 실패하는 이유는 의지가 부족해서도, 머리가 나빠서도, 게으르거나 바빠서도 아닌 것 같습니다. 그보다는 공부 방법과 내용이 체계적이지도 충실하지도 않아서인 것 같습니다. 무미건조하여 흥미 유발이 안 되고 실력 향상이 체감되지 않아서 몰입, 지속 학습할 수 없기도 하고요.
EB	선생님 책이 발간된다면 이런 강점도 있을 거예요. "물고기를 주면 하루를 먹여 살리고, 물고기 잡는 방법을 가르쳐 주면 평생을 먹여 살린다(Give a man a fish and you feed him for a day. Teach a man to fish and you feed him for a lifetime)"라는 격언이 있는데요. 이에 대비해 보면, 시중의 대부분의 책이나 강의는 물고기를 직접 주는 것인 반면, 선생님 책은 물고기 잡는 방법을 가르쳐 주는 거잖아요.

예를 들어 회화책은 책에서 언급된 회화 문장들만 알게 해 주는 반면, 선생님 책은 각종 유튜브 채널의 동영상에 있는 수 없이 많은 대사를 이용하여 회화를 배우는 방법을 알려 주는 것이고요. 회화책이 제아무리 많은 회화 대사를 다룬들 이 세상에 통용되는 수 없이 많은 대사에 비하면 한 줌만도 못할 거예요. 그래서 그런 책을 통으로 달달 외워도 한두 마디 이상 대화를 이어 |

	가지 못할 것이고요. 그들을 응용하여 활용한다 해도 거기서 거기일 거고요.
나	오! 맞는 말씀이네요. 게다가 영어공부 방법에 대한 책도 많지만 대부분 방법에 대한 소개에 그치고 있는데, 저는 방법뿐만 아니라 그 방법을 적용할 다양하고 풍부하고 생생한 영어 콘텐츠, 즉 유튜브 채널들도 함께 알려 주고 있죠. 낚시 방법뿐만 아니라 풍어 어장까지 알려 주는 것이라고 할 수 있죠.
	그건 그렇고 여하튼 영어습득이 제대로 안 되는 것이 학습자의 문제 때문이 아니니까 누구든 더 이상 자책하거나 주눅 들지 않아도 됩니다. 그리고 물고기 넘쳐나는 어장에서 재미있고 성공할 수밖에 없는 낚시 방법으로 다시 시작하여, 영어가 인생의 걸림돌이 아니라 디딤돌이 되길 바라봅니다.
EB	선생님 방법은 특히 바쁘거나 게으른 직장인에게 안성맞춤인 것 같아요. 무엇보다 스마트폰으로도 연습이 가능하여 자투리 시간을 최대한 활용할 수 있어서겠죠. 우리가 활용한 방법에 대하여는 아는 사람이 아예 없을 것 같아요. 이에 대하여 안내하는 책을 잘 써서 출간하시면, 우리나라 국민들의 실용영어 배우고 익히는 방법 패러다임의 대전환이 일어날 것 같습니다. 그러면 대한민국 대다수 국민의 큰 골칫거리 하나를 해소시켜 주는 위대한 업적을 남기시는 거고요.
	그리고 선생님 책이 많이 팔려서 활용하는 사람이 늘어나면 자체 작성한 스크립트를 제공하는 네이티브 유튜브 채널도 증가할 것 같아요. 방송사건 개인 유튜버건 많이 시청되는 것이 목표일 테니까요. 특히, 대부분 1회 시청만 하는 여느 동영상과 달리 수

	없이 반복 시청하므로 시청 시간이 크게 증가할 거니까요.
나	그러면 더할 나위 없겠네요. 'The office' 채널이 두 개 있었는데 그중 하나가 자체 작성 스크립트를 제공해서 제가 많이 활용했는데 갑자기 없어졌어요. 남아 있는 채널에는 오래된 과거 동영상만 스크립트가 있어서, 제가 'NBC 방송 미드 Clip' 재생목록에 따로 올려놓았습니다. 말씀하신 대로 제 책이 잘 팔려서, 현재 있는 'The office' 채널에서 올리는 동영상도 스크립트를 계속 제공하면 좋겠네요. 나아가 다른 채널도 포함하여 스크립트 문장 블록도 반복 시청하기 적당한 길이로 구분하고 싱크도 정확하게 일치하도록 하면 금상첨화겠네요.
EB	그러면 영어 학습자들에게 더 없이 좋겠죠. 그리고 유튜브 동영상들을 이용하여 여기에서 소개한 방법으로 선생님께서 직접 학습 또는 습득하는 동영상을 촬영하여 유튜브에 올리면 독자들에게 크게 도움이 될 것 같아요.
나	굿 아이디어인데요. 아울러 영어공부 이론이나 방법, 유튜브 채널, 학습지원 기능 등에 대한 소개도 하면 좋을 것 같아요.
EB	영어공부 방법에 대하여 소개하는 책도 유튜브 동영상도 이미 많이 있습니다. 그러나 그것들은 모두 유튜브의 무궁무진한 영어 콘텐츠와 다양한 학습지원 기능이 없던 또는 그들의 존재나 가치를 모르는 때에나 유용한 방법일 것입니다. 다시 말하지만, 영어 배우고 익히는 방법의 역사는 유튜브 활용 이전과 이후 시대로 나뉠 것 같습니다. 그나저나 저 내일 출국합니다.
나	아! 그러세요. 그럼 미국에서 자제분 교육도 잘 시키시고, EB 님 가족 모두 행복하고 신명 나게 잘 지내세요.

잿빛 뭉게구름과 연인인 양 어울리던 쪽빛 하늘이 벌겋게 타오르기 시작한다. 이윽고 석양이 지니 어둠이 일순간에 몰려와 카페 창밖 천변의 희로애락을 단숨에 삼켜 버린다. 하루가 끝나는 시간이다. 우리의 만남이 끝나는 시간이다.

참고문헌 및 자료

- 김성우, 『단단한 영어공부: 내 삶을 위한 외국어 학습의 기본』, 유유, 2019
- 김영기, 『나는 유튜브로 영어를 배웠다: 영어 에듀테이너 날라리데이브가 알려주는 영어 공부법』, 라곰, 2019
- 로버트 파우저, 『외국어 학습담: 외국어 학습에 관한 언어 순례자 로버트 파우저의 경험과 생각』, 혜화1117, 2021
- 문성현, 『영포자 문과장은 어떻게 영어 달인이 됐을까』, 넥서스BOOKS, 2019
- 손미나, 『손미나의 나의 첫 외국어 수업: 언어적 자유를 위한 100일 프로젝트』, 토네이도, 2021
- 윤재성, 『윤재성의 소리영어 PLUS: 영어를 우리말처럼 선명하게 듣는 가장 확실한 방법』, 스토리 3.0, 2014
- 이완기, 『시험을 위한 영어공부 사용을 위한 영어공부』, 지식과감성#, 2021
- 이현구·임영근, 『미국식 빠른영어 발음법과 듣는법』, 삼지사, 2000
- A.J 호그, 『노력이 필요 없는 영어』, 손경훈 역, 아마존북스, 2021

- Jeffrey Jacobi, 『How to Say It with Your Voice』, Prentice Hall Press, 2009
- Marianne Celce-Murcia·Donna M. Brinton·Janet M. Goodwin, 『Teaching pronunciation: A reference for teachers of English to speakers of other languages』, Cambridge University Press, 1996

- Stacy A. Hagen, 『Sound Advice: A basis for listening』, Longman, 2000
- Stacy A. Hagen·Patricia E. Grogan, 『Sound Advantage: A pronunciation book』, Prentice Hall Regents, 1992

- 홈페이지(발음기호), Eric Armstrong's voice&speech source, http://www.yorku.ca/earmstro
- 홈페이지(발음기호), sounds of speech uiowa, https://soundsofspeech.uiowa.edu
- 유튜브 채널, 런넌쌤, https://www.youtube.com/channel/UCPR9uggZu956g8_SIcTyyJA
- 유튜브 동영상, Stephen Krashen on Language Acquisition, https://www.youtube.com/watch?v=NiTsduRreug&t=303s

추천사

저자로부터 추천사를 부탁받고 써야 할지 며칠을 망설이며 고민했다. 필자의 영어실력 역시 갈 길이 멀기 때문에, 추천자 자격이 있나 의구심이 들었기 때문이다. 그럼에도 용기를 내어 자판을 두드린 것은 영어 때문에 고통받고 좌절하고 낙심하고 있을 수많은 고국 국민에게 위안과 용기를 줄 수 있겠다는 생각이 들어서다.

영어, 만만하지 않다

대학교육까지 받았고 나름 만반의 준비를 했을 텐데, 미국 입국 시 입국심사관의 질문을 알아듣지 못하거나 간단한 답변임에도 상대방이 못 알아들어 당황해하는 사람이 부지기수다. 한인 변호사가 서면공방 후 최종변론(Trial) 때 미국인 변호사에게 빈정대는 모욕을 당하고 제대로 반격도 못 하고 돌아와 분해서 펑펑 울었다는 이야기도 많이 들었다. 십수 년을 같이 산 미국인 남편으로부터 영어 못한다고 깐죽거림(Sarcastic)을 당한다면서 약 올라 하거나 깊은 대화는 할 수 없다고 푸념하는 주부, 회사 미팅 때가 제일 괴롭고 혀를 잘라 버리고 싶은 심정이 든다는 직장인 등도 보았다.

한번은 재외공관 행사에 간 적이 있다. 행사 전 영사들이 삼삼오오 모여 있었는데, 대화 중 누군가 "그런데 대체 공휴일이 영어로 뭐지?"라고 물었다. 한 명이 "Substitute holiday가 아닐까요?"라고 말하자,

다른 한 명이 "아마 다른 말이 있을 것 같은데요"라고 했다. 미국은 한국과 법정 공휴일과 기념일의 의미가 좀 다르다. 한국의 대체 공휴일과 유사한 것이 Observed holiday다. 한국에서 고등교육 이상 받은 이민 1세대 대부분의 영어실력이 그런 실정이고, 엘리트 외교관들도 모두가 영어를 잘하는 것은 아니다. 한국 독자 여러분들 영어가 어렵다며 자책하거나 좌절하지 않기를 바라는 마음에서 소개했다.

영어, 필요하고 하면 된다

필자는 오십이 넘어서 법무사와 연방국세청 공인 세무사가 됐다. 자격승 획득은 전문인으로서 단지 최소한의 기본소양을 갖췄다는 것을 의미할 뿐이다. 실무를 위한 영어공부는 이때부터 본격적으로 해야 한다. 타인의 법적문제 처리나 세금보고 의무를 대행하기 위해서는 의뢰인의 상황을 잘 파악하고 그에 맞게 제반 서류를 작성해야 하기 때문이다. 미국에 살거나 보다 넓은 세상을 경험하려면, 이와 같이 직업상이나, 학업이나 생활상 영어는 반드시 필요하다.

대화를 하다 보면 he라고 해야 하는데 she라고 하는 경우도 많고 was라고 해야 하는데 is라고 하기도 하고… 습관화가 되지 않아서다. 그래도 미국인들은 잘 들어준다. 그러니 두려워하지 말고 용감하게 말하자. 친절한 미국인은 제대로 된 문장으로 바꿔 "Is this what you meant?"라며 되물어 준다. 이때가 살아 있는 영어를 제대로 배우는 기회다. 많이 줄어들긴 했지만 아직도 이런 상황을 겪으며 산다. 필자의 경험으로 볼 때 지나친 욕심은 쉽게 좌절하거나 포기하는 원인이 된다. 이런저런 착오도 겪으면서 꾸준히 배우고 익히다 보면, 가랑비에 옷 젖듯이 자신도 모르게 영어로 말하고 들을 수 있게 된다.

꾸준함이 중요하다

미국 대부분의 학교가 무료 성인 영어반(Adult School)을 운영한다. 필자도 이민 후 처음에는 회화의 부족함을 절실히 깨닫고 고등학교에 있는 성인 영어반에 다녔다. 첫 시간에 I am, You are, He/She/It is, They are부터 가르쳤다. 한국에서 대학원 교육까지 받고 이걸 다시 배우다니… 많은 사람이 한두 달 다니다 시시하다고 혹은 바쁘다고 중도에 그만둔다. 1년쯤 후엔 같이 시작했던 멕시코나 남미 친구들은 영어를 유창하게 잘하는데 중도에 그만둔 사람들은 처음 그대로다.

지금도 기억에 생생한데, 같은 클래스에 대만에서 이민 온 80세 정도의 노인 5~6분이 3년 이상 학교에 다니고 있다고 했다. 필자보다 훨씬 영어를 잘하셨는데 왜 이렇게 오래 다니시냐 물었더니, 학교생활이 재미있고 영어공부가 흥미진진하단다. ESL 선생님들은 이분들은 더 이상 기초가 필요 없다고 했다. 그런데도 거의 매일 학교에 나오셨다.

저자는 유튜브의 영어 콘텐츠를 각자 수준에 맞는 곳을 쉽게 찾아 익힐 수 있도록 체계적으로 정리해 놓았다. 많은 시간과 노력이 들었을 것이다. 독자들은 이 책에서 제공하는 정보를 잘 활용하면 실용영어 실력이 증진될 것임을 확신한다. 저자가 추천한 유튜버 강의 중에 필자가 즐겨 보는 것들도 포함되어 있어 놀랐다. 물론 네이티브 유튜브 채널 방송들은 TV를 통해서 즐기고 있는 것들이다. 끝으로 저자는 어쩌면 드러내기가 꺼려지는 과거 수많은 역경을 극복하는 과정을 이 책에 담았다. 독자에게 어떠한 어려움이 있어도 결코 좌절하거나 포기하지 않도록 정신력(Inspiration)을 불어넣어 주기 위해서일 것이다. 이 책의 백미나.

God helps those who help themselves.

이강선(Kevin Lee)
미국 이민 1세대, 법무사 및 세무사